ACCESO GRATIS a la Lectura en la Nube

Para visualizar el libro electrónico en la nube de lectura envíe junto a su nombre y apellidos una fotografía del código de barras situado en la contraportada del libro y otra del ticket de compra a la dirección:

ebooktirant@tirant.com

En un máximo de 72 horas laborales le enviaremos el código de acceso con sus instrucciones.

ESQUEMAS DE RÉGIMEN DE CAMBIOS INTERNACIONALES

ESQUEMAS DE RÉGIMEN DE CAMBIOS INTERNACIONALES

GIOVANNY TÉLLEZ CANO

tirant lo blanch
Bogotá D.C., 2024

En caso de erratas y actualizaciones, la Editorial Tirant lo Blanch publicará la pertinente corrección en la página web www.tirant.com.

© TIRANT LO BLANCH
EDITA: TIRANT LO BLANCH
Calle 11 # 2-16 (Bogotá D.C.)
Telf.: 4660171
Email:tlb@tirant.com
Librería Virtual: www.tirant.com/co/
ISBN 978-84-1056-438-1

Si tiene alguna queja o sugerencia, envíenos un mail a: *atencioncliente@tirant.com*. En caso de no ser atendida su sugerencia, por favor, lea en *www.tirant.net/index.php/empresa/politicas-de-empresa* nuestro Procedimiento de quejas.

Responsabilidad Social Corporativa: http://www.tirant.net/Docs/RSCTirant.pdf

Índice

INTRODUCCIÓN

En Colombia tenemos un régimen de cambios internacionales que se encuentra altamente regulado, situación que dota de especial complejidad las diferentes operaciones realizadas ente residentes y no residentes en divisas.

Esto ha creado una disciplina transversal que abarca tanto las operaciones de comercio internacional, como la inversión internacional, endeudamiento, entre otras operaciones.

Ahora, con el fin de que el lector pueda tener una noción práctica de esta altamente compleja normativa, se ha creado la presente obra, la que debe entenderse como un material básico y dinámico que busca una comprensión general de las diferentes operaciones, tanto de cambios, como del mercado cambiario.

ABREVIATURAS

ABREVIATURA	DEFINICIÓN
Banrep	Banco de la República
C.P.	Constitución Política de Colombia
CIF	Cost, Insurance and Freight
COP	Pesos Colombianos
D.C.	Declaración de Cambios
D.C. Endeudamiento	Información de datos mínimos para operaciones de cambio por endeudamiento externo (Declaración de Cambios)
D.C. Exportaciones	Información de los datos mínimos de las operaciones de cambio por exportaciones de bienes (Declaración de Cambios)
D.C. Importaciones	Información de los datos mínimos de las operaciones de cambio por importaciones de bienes (Declaración de Cambios)
D.C. Inversiones	Información de datos mínimos de las operaciones de cambio por inversiones internacionales (Declaración de Cambios)
D.C. Servicios y Otros	Información de datos mínimos de las operaciones de cambio por servicios, transferencias y otros conceptos (Declaración de Cambios)
DCIP 83	Circular Reglamentaria Externa DCIP 83 Junta Directiva del Banco de la República
DIAN	Dirección de Impuestos y Aduanas Nacionales
E.A.	Estatuto Aduanero
E.T.	Estatuto Tributario
EXW	Ex Work
FOB	Free On Board
IMC	Intermediario del Mercado Cambiario

Incoterms	Términos de Negociación Internacional
IPEXT	"Reporte Estadístico de Inversiones de Capital del Exterior de Portafolio en Colombia - IPEXT"
N.C.	Numeral Cambiario
NIT	Número de Identificación Tributaria
R.E. 01 de 2018	Resolución 01 de 2018 Junta Directiva del Banco de la República
RNVE	Registro Nacional de Valores y Emisores
SEC	Sistema Estadístico Cambiario
SEDPE	Sociedades Especializadas en Depósitos y Pagos Electrónicos
SIC	Sistema de Información Cambiaria del Banco de la República
SICSFE	sociedades de intermediación cambiaria y de servicios financieros Especiales
USD	Dólares Americanos

1. CONCEPTOS BÁSICOS

DUDAS FRECUENTES RESPECTO A LAS OPERACIONES DE CAMBIOS Y DEL MERCADO CAMBIARIO	
PREGUNTA	**RESPUESTA**
¿Quién regula el Régimen de Cambios Internacionales?	Si bien en este ámbito se puede hablar de una colaboración armónica, pues hay reglamentación de diferentes niveles que van desde la Constitución Política, es el Banco de la República quien reglamenta de forma específica la materia.
¿Qué se entiende por Operaciones de Cambios?	Es un término traído por el artículo 4 de la Ley 9ª de 1991 y artículo 2.17.1.1. del Decreto 1068 de 2015, el cual engloba a las operaciones libres o del mercado no regulado y a las operaciones del Mercado Cambiario.
¿Qué debe entenderse como "Operaciones del Mercado Cambiario"?	Son aquellas operaciones listadas en el artículo 41 de la R.E. 01 de 2018, cuyo pago debe ser realizado conforme a los lineamientos del Banco de la República, siendo las formas más típicas las siguientes: 1. Efectuar la compra de las divisas y presentar la D.C. ante un IMC. 2. Transferir las divisas por intermedio de una cuenta sometida al mecanismo de compensación (cuenta de compensación)
¿Cuáles son las operaciones libres o del mercado no regulado?	Son todas aquellas operaciones que no hacen parte del Mercado Cambiario.
¿Puede canalizarse una operación del mercado no regulado a través del mercado cambiario?	Sí, pese a que no existe la obligación legal de canalizar estas operaciones a través del Mercado Cambiario, es potestativa su canalización a través de este mercado, en cuyo caso se deberá cumplir a cabalidad con la reglamentación expedida por el Banco de la República.

DUDAS FRECUENTES RESPECTO A LAS OPERACIONES DE CAMBIOS Y DEL MERCADO CAMBIARIO	
PREGUNTA	**RESPUESTA**
¿Qué se entiende por Divisas?	Por parte del Banco de la República se define como "moneda extranjera referida a la unidad del país de que se trata."[1]
¿Pueden extinguirse operaciones entre residentes en Colombia en divisas?	No, si bien pueden pactarse obligaciones en divisas (art. 28 Ley 9ª de 1991), el artículo 2.17.1.3. del Decreto 1068 de 2015 establece una prohibición general a que las obligaciones internas sean pagadas en divisas, motivo por el que deben ser cubiertas en pesos colombianos.
¿Pueden los residentes comprar o vender divisas a otros residentes?	Sí, pero en caso de que estas operaciones sean realizadas de forma profesional por parte de uno de los residentes, se deberá dar cumplimiento al artículo 84 de la R.E. 01 de 2018, lo que implicaría un registro previo ante la DIAN como "profesional de cambios".
¿Solamente existe una tasa de cambio?	No, de conformidad con el artículo 38 de la R.E. 01 de 2018 "Las tasas de cambio de compra y venta de divisas serán aquellas que libremente acuerden las partes intervinientes en la operación." Es por lo anterior que se suele afirmar que hay tantas tasas de cambio como operaciones hay en el mercado.
¿Qué debe entenderse por "Declaración de Cambios"?	El artículo 88 de la R.E. 01 de 2018 nos la define de la siguiente forma: *La declaración de cambio es la información de los datos mínimos de las operaciones de cambio canalizadas por conducto del mercado cambiario, suministrada por los residentes y no residentes que realizan las operaciones de cambio y transmitida al Banco de la República por los intermediarios del mercado cambiario y los titulares de cuentas de compensación.*

1 https://www.banrep.gov.co/es/operaciones-comercio-exterior-de-bienes/conceptos-generales#:~:text=Divisa%3A%20moneda%20extranjera%20referida%20a,%2C%20Decreto%201165%20de%202019).

DUDAS FRECUENTES RESPECTO A LAS OPERACIONES DE CAMBIOS Y DEL MERCADO CAMBIARIO	
PREGUNTA	**RESPUESTA**
¿Pueden hacerse modificaciones sobre las declaraciones de cambios?	Sí, las declaraciones de cambios pueden ser corregidas, cambiadas o anuladas; por parte del residente o no residente que realizó la declaración de cambios inicial. Y estos actos modificatorios deben presentarse ante el IMC que se realizó la declaración inicial.
¿Qué término se tiene para realizar las correcciones, cambios o anulaciones de las declaraciones de cambios?	Estos actos pueden hacerse en "cualquier tiempo", de conformidad con los artículos 1.4.1., 1.4.2. y 1.4.4. del Capítulo 1 de la DCIP 83.

1.1. FUENTES FORMALES

Fuentes Formales

- Constitución Política: 150.13, 189.25, 113, 371, 372.
- Ley 9° de 1991
- D.R. 1735 de 1993
- R.E. 01 de 2018 J.D.B.R.
- DCIP 83 J.D.B.R.

1.2. OPERACIONES DE CAMBIOS Y DEL MERCADO CAMBIARIO.

Dependiendo del tipo de operación estas se dividen en operaciones libres o del mercado no regulado y operaciones del Mercado Cambiario, siendo estas últimas aquellas en las que el pago debe hacerse de acuerdo con la normativa establecida por el Banco de la República

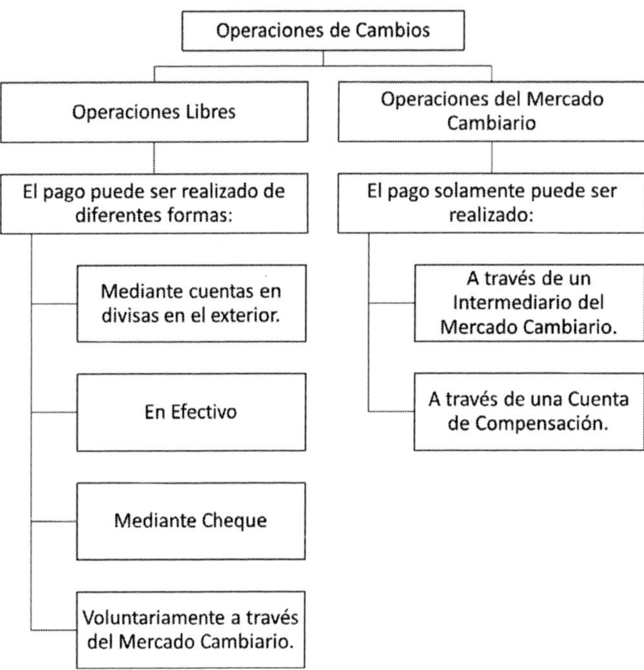

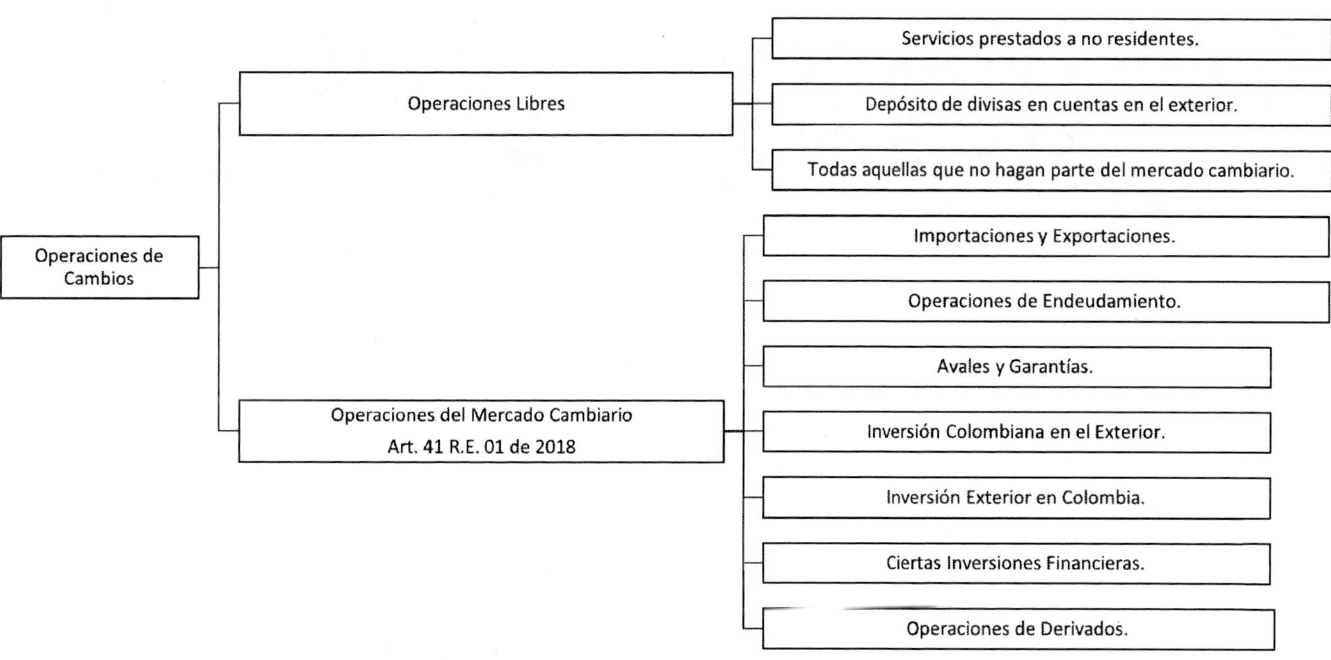
Operaciones de Cambios
Operaciones Libres
Servicios prestados a no residentes.
Depósito de divisas en cuentas en el exterior.
Todas aquellas que no hagan parte del mercado cambiario.
Operaciones del Mercado Cambiario
Art. 41 R.E. 01 de 2018
Importaciones y Exportaciones.
Operaciones de Endeudamiento.
Avales y Garantías.
Inversión Colombiana en el Exterior.
Inversión Exterior en Colombia.
Ciertas Inversiones Financieras.
Operaciones de Derivados.

1.3. RESIDENCIA PARA EFECTOS CAMBIARIOS

Se estableció en el artículo 1° del Decreto 119 de 2017		
Para las personas naturales: Se estableció un término de "(...) ciento ochenta y tres (183) días calendario, incluyendo los días de entrada y de salida del país, durante un periodo de trescientos sesenta y cinco (365) días calendario consecutivos"	Para las personas jurídicas: Cuando tengan su domicilio en el país, en los términos del Código Civil (art. 86) y del Código de Comercio (numeral 3 art. 110)	Para las sucursales de sociedades extranjeras: Cuando sean establecidas en el país en los términos del Código de Comercio (numeral 6 del art. 474)

1.4. INTERMEDIARIOS DEL MERCADO CAMBIARIO (IMC) Y OPERACIONES AUTORIZADAS

Establecimientos Bancarios	Corporaciones Financieras	Financiera de desarrollo Nacional (FDN)	Bancoldex
Compañías de Financiamiento	Cooperativas Financieras	Sociedades Comisionistas de Bolsa	Sociedades de Intermediación Cambiaria y Servicios Financieros Especiales (SICSFE) antes conocidas como casas de cambio Casas de Cambio art. 34 Ley 1328-2009
Las sociedades especializadas en depósitos y pagos electrónicos (SEDPE).	Financiera de Desarrollo Territorial (FINDETER)	Fondo para el Financiamiento del Sector Agropecuario (FINAGRO)	Instituto Colombiano de Crédito Educativo y Estudios Técnicos en el Exterior (ICETEX)
	Empresa Nacional Promotora del Desarrollo Territorial (ENTerritorio)	Fondo Nacional de Ahorro (FNA).	

Grupo 1	• Los Establecimientos Bancarios, las corporaciones financieras; las compañías de financiamiento y las cooperativas financieras con un patrimonio técnico igual o superior a una corporación financiera. Y la FDN y Bancoldex.
Grupo 2	• Los Establecimientos Bancarios, las corporaciones financieras, y las compañías de financiamiento y las cooperativas financieras, cuando estas últimas tengan un patrimonio técnico inferior al de las corporaciones financieras
Grupo 3	• las sociedades comisionistas de bolsa, siempre y cuando tengan un patrimonio técnico igual o superior a una compañía de financiamiento.
Grupo 4	• las sociedades de intermediación cambiaria y de servicios financieros especiales (SICSFE) y las Sociedades Especializadas en Depósitos y Pagos Electrónicos (SEDPE) siempre que estas últimas acrediten el capital mínimo de una SICSFE.
Grupo 5	• las sociedades de intermediación cambiaria y de servicios financieros especiales (SICSFE) y las Sociedades Especializadas en Depósitos y Pagos Electrónicos (SEDPE).
Grupo 6	• FINDETER, FINAGRO, ICETEX, ENTerritorio,, FNA

OPERACIONES AUTORIZADAS	GRUPO 1	GRUPO 2	GRUPO 3	GRUPO 4	GRUPO 5	GRUPO 6
Adquirir y vender divisas y títulos representativos de las mismas que deban canalizarse a través del mercado cambiario. (Operaciones del Mercado Cambiario)	X	X	X	X		
Adquirir y vender divisas y títulos representativos de las mismas que se canalicen voluntariamente a través del mismo. (Operaciones Libres)	X	X	X	X	X	
Celebrar operaciones de compra y venta de divisas y de títulos representativos de las mismas otros intermediarios del mercado cambiario.	X	X	X	X		X
Celebrar operaciones de compra y venta de saldos de cuentas de compensación.	X	X	X	X		
Enviar o recibir pagos y giros en moneda extranjera, y efectuar remesas de divisas desde o hacia el exterior.	X	X	X	X	X	
Recibir depósitos en moneda extranjera de empresas de transporte internacional, agencias de viajes y turismo, almacenes y depósitos francos, entre otros.	X	X				
Recibir depósitos a la vista en cuentas corrientes y cuentas de ahorro en moneda legal colombiana de no residentes.	X	X				

1 Cuadro de elaboración propia basado en actualización del Banco de la República.
Banco de la República de Colombia, «Nuevo Régimen de Cambios Internacionales»: (Bogotá: Banco de la República, noviembre de 2018): 27, https://www.banrep.gov.co/sites/default/files/publicaciones/archivos/05_banca-central-sebastian-rojas.pdf"

Distribuir y vender tarjetas débito prepago, recargables o no, e instrumentos similares emitidos por las entidades financieras del exterior que señale el Banco de la República.	X	X				
Efectuar inversiones de capital en el exterior de conformidad con las normas aplicables y efectuar inversiones financieras en el exterior.	X	X	X	X	X	X
Otorgar créditos externos	X					X
Realizar operaciones de leasing de exportación y de importación estipuladas en moneda extranjera	X					
Enviar y recibir pagos y giros en moneda extranjera mediante tarjetas de débito.	X	X		X	X	
Enviar y recibir pagos y giros en moneda extranjera mediante tarjetas de crédito.	X	X				
Otorgar avales y garantías.	X					
Realizar operaciones de derivados	X					
Depósitos electrónicos en pesos de no residentes	X	X		X	X	

1.5. DEBERES DE LOS IMC

Deberes de los IMC

Conocer al cliente en ejercicio de los deberes de control y prevención a las actividades delictivas.

Exigir a los residentes y no residentes la información de los datos mínimos de las operaciones de cambio que canalicen y transmitirla al Banrep

Verificar que el valor de las divisas que se informa corresponda a las que se adquieren o venden por su conducto

Asignar a cada declaración de cambio un número de identificación, el cual no puede repetirse a nivel nacional en un mismo día y que deberá informar a los residentes y no residentes con quienes realiza la operación de cambio.

Conservar la información que transmitan al Banrep de las operaciones de cambio canalizadas, por un período igual al de caducidad o prescripción de la acción sancionatoria por infracciones al régimen cambiario

1.6. DECLARACIONES DE CAMBIOS.

Deberes de quienes realizan las operaciones del Mercado Cambiario o las Operaciones de Cambios Voluntariamente Canalizadas a Través del Mercado Cambiario:

Suministrar la información veraz y completa de los datos mínimos de las operaciones de cambio que canalicen por conducto del mercado cambiario (Declaración de Cambio).

El artículo 88 R.E. 01 de 2018 JDBR dice:

"La declaración de cambio es la información de los datos mínimos de las operaciones de cambio canalizadas por conducto del mercado cambiario, suministrada por los residentes y no residentes que realizan las operaciones de cambio y transmitida al Banco de la República por los intermediarios del mercado cambiario y los titulares de cuentas de compensación."

Conservar los documentos que acrediten el monto, características y demás condiciones de la operación y el origen o destino de las divisas, según el caso, por un período igual al de caducidad o prescripción de la acción sancionatoria por infracciones al régimen cambiario.

El artículo 5 del decreto 2245 del 2011 dice:

*"**PRESCRIPCIÓN DE LA ACCIÓN SANCIONATORIA.** La imposición de sanciones cambiarias requiere la formulación previa de un acto de formulación de cargos a los presuntos infractores, el cual deberá notificarse dentro de los cinco (5) años siguientes a la fecha en que ocurrieron los hechos constitutivos de infracción.*

EGRESO DE DIVISAS

Recepción de Recursos

- Las divisas son recibidas a través de un IMC que tenga la potestad de canalizar la operación.

Negociación de las Divisas.

- Le son vendidas las divisas al IMC a la tasa de cambio pactada con el Intermediario.

Presentación D.C.

- Quien realiza la operación de cambios procede a presentarle la Declaración de Cambios al IMC.

Transmisión de la D.C.

- El IMC se encarga de transmitirle la Declaración de Cambios al Banrep.

INGRESO DE DIVISAS

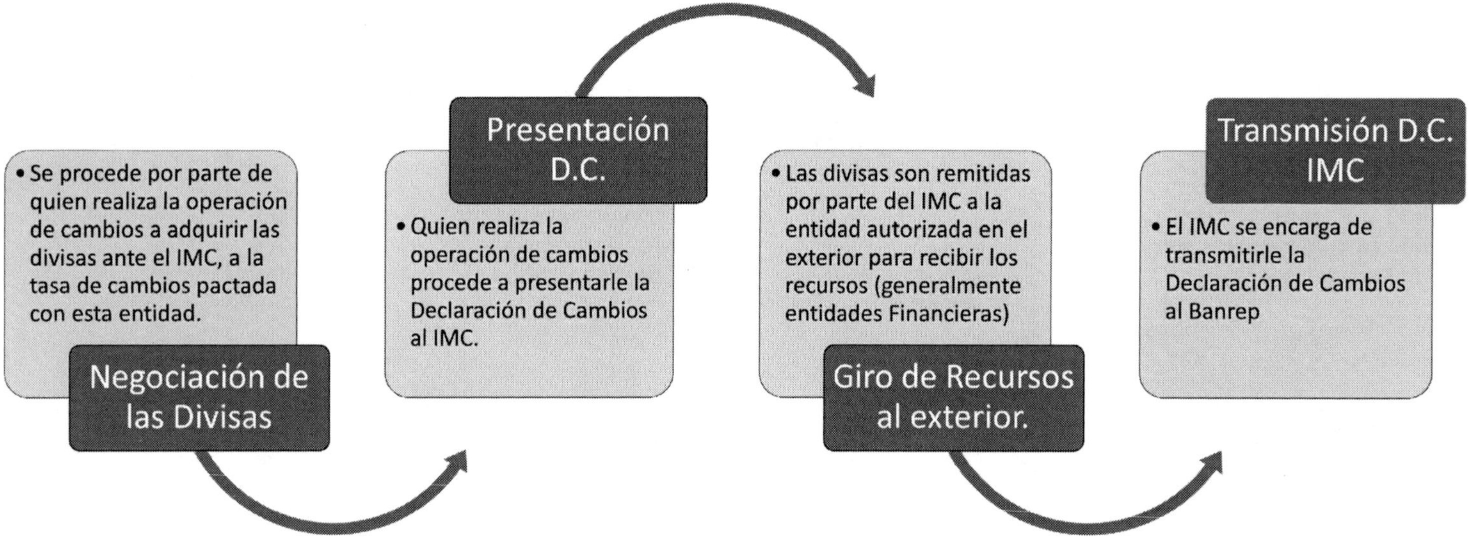

Negociación de las Divisas

- Se procede por parte de quien realiza la operación de cambios a adquirir las divisas ante el IMC, a la tasa de cambios pactada con esta entidad.

Presentación D.C.

- Quien realiza la operación de cambios procede a presentarle la Declaración de Cambios al IMC.

Giro de Recursos al exterior.

- Las divisas son remitidas por parte del IMC a la entidad autorizada en el exterior para recibir los recursos (generalmente entidades Financieras)

Transmisión D.C. IMC

- El IMC se encarga de transmitirle la Declaración de Cambios al Banrep

TIPO DE DECLARACIÓN DE CAMBIOS O FORMULARIOS	ARTÍCULO DCIP 83 JDBR
Información de los datos mínimos de las operaciones de cambio por importaciones de bienes (antes Formulario No. 1.)	3.6.
Información de los datos mínimos de las operaciones de cambio por exportaciones de bienes (antes Formulario No. 2.)	4.7.
Información de datos mínimos para operaciones de cambio por endeudamiento externo (antes Formulario No. 3.)	5.4.
Información de los datos mínimos de la declaración de cambio, con razón de no canalización. (antes Información de datos mínimos de excepciones a desembolsos y pagos, y previo a ello Formulario No. 3A.)	5.4. Y 5.8.
Información de datos mínimos de las operaciones de cambio por inversiones internacionales (antes Formulario No. 4.)	7.7.
Información de datos mínimos de las operaciones de cambio por servicios, transferencias y otros conceptos (antes Formulario No. 5.)	10.12
Información de los datos mínimos de las operaciones de cambio por importaciones de bienes (antes Formulario No. 1.)	3.6.
Información de los datos mínimos de las operaciones de cambio por exportaciones de bienes (antes Formulario No. 2.)	4.7.
Información de datos mínimos para operaciones de cambio por endeudamiento externo (antes Formulario No. 3.)	5.4.
Información de los datos mínimos de la declaración de cambio, con razón de no canalización. (antes Información de datos mínimos de excepciones a desembolsos y pagos, y previo a ello Formulario No. 3A.)	5.4. Y 5.8.
Información de datos mínimos de las operaciones de cambio por inversiones internacionales (antes Formulario No. 4.)	7.7.
Información de datos mínimos de las operaciones de cambio por servicios, transferencias y otros conceptos (antes Formulario No. 5.)	10.12
Informe de Crédito Externo Otorgado a Residentes (antes Formulario No. 6.)	5.6.
Informe de Crédito Externo Otorgado a no Residentes (antes Formulario No. 7.)	5.6.
Registro de Cuenta de Compensación (antes Formulario No. 10.)	8.7.

Informe de Movimientos de Cuenta de Compensación (antes Formulario No. 10.)	8.8.
Cancelación de Cuenta de Compensación (antes Formulario No. 10.)	8.9.
Reporte de inversiones extranjeras de portafolio en Colombia - IPEXT	Reporte IPEXT e Instructivo

DECLARACIÓN DE CAMBIO

Ante el mismo IMC que se presentaron las D.C. estas podrán ser:		
Modificadas.	Cambiadas.	Anuladas.

2. IMPORTACIONES Y EXPORTACIONES DE BIENES

2.1. CONCEPTOS BÁSICOS

TÉRMINO	DEFINICIÓNES
Importación.	Es la introducción de mercancías de procedencia extranjera al territorio aduanero nacional cumpliendo con los términos y condiciones previstos en el presente decreto. También se considera importación, la introducción de mercancías procedentes de Zona Franca, o de un depósito franco al resto del territorio aduanero nacional, en las condiciones previstas en este decreto. Artículo 3° del Decreto 1165 de 2019
Territorio Aduanero Nacional.	Demarcación dentro de la cual se aplica la legislación aduanera; cubre todo el territorio nacional, incluyendo el subsuelo, el mar territorial, la zona contigua, la plataforma continental, la zona económica exclusiva, el espacio aéreo, el segmento de la órbita geoestacionaria, el espectro electromagnético y el espacio donde actúa el Estado colombiano, de conformidad con el derecho internacional o con las leyes colombianas a falta de normas internacionales. Artículo 3° del Decreto 1165 de 2019
Zona Franca	La Zona Franca es el área geográfica delimitada dentro del territorio nacional, en donde se desarrollan actividades industriales de bienes y de servicios, o actividades comerciales, bajo una normatividad especial en materia tributaria, aduanera y de comercio exterior. Las mercancías ingresadas en estas zonas se consideran fuera del territorio aduanero nacional para efectos de los impuestos a las importaciones y a las exportaciones. Artículo 1° de la ley 1004 de 2005
Mercancías	Son todos los bienes susceptibles de ser clasificados en la nomenclatura arancelaria y sujetos a control aduanero. Artículo 3° del Decreto 1165 de 2019 (Ver: Decreto 1881 de 2021)
Nacionalización de mercancías.	Consiste en el cumplimiento de todos los trámites exigidos por las normas aduaneras para permitir a las mercancías introducidas al territorio aduanero nacional, ser sometidas a la modalidad de importación que corresponda. La nacionalización comprende desde la presentación de la declaración aduanera hasta la culminación del régimen de importación correspondiente que, mediante el otorgamiento del levante por parte de la autoridad aduanera, garantice su libre disposición. Artículo 3° del Decreto 1165 de 2019

2.2. PAGO DE LAS IMPORTACIONES

Dadas las definiciones, las importaciones pueden ser diagramadas de la siguiente forma:

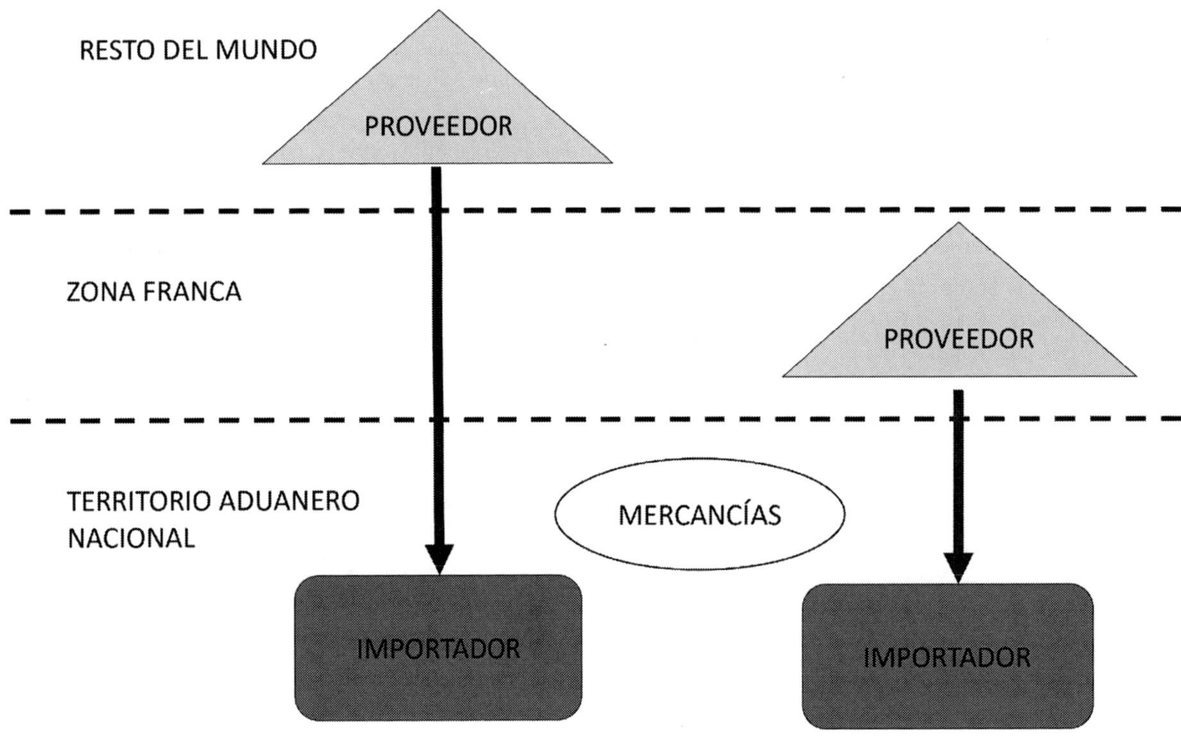

DUDAS FRECUENTES RESPECTO AL PAGO DE LAS IMPORTACIONES	
¿Quién pude hacerlo?	Las divisas para el pago de la importación deberán ser canalizadas por quien efectuó la importación de bienes, y el pago deberá ser efectuado directamente al acreedor, su cesionario o a centros o personas que adelanten en el exterior la gestión de recaudo y/o pago internacional, se trate de residentes o no residentes. Los residentes no podrán canalizar pagos de importaciones que hayan sido realizadas por otros. Capítulo 3 DCIP 83
¿En qué consiste el principio de coincidencia?	Consiste en que la canalización de las divisas para el pago de una operación de cambio obligatoriamente canalizable debe ser realizada directamente por el titular de la operación. Para el caso de las operaciones de comercio exterior, el titular de la operación será quien figure en los documentos aduaneros como importador o exportador. Por su parte, las cuentas de compensación solo podrán utilizarse para canalizar ingresos y egresos de operaciones de cambio propias del titular de la cuenta.[1]
¿Pueden existir situaciones en las cuales no coincida el importador con el pagador?	Sí, el artículo 1.3 del capítulo 1 de la DCIP 83 establece dos situaciones: 1.Frente a los patrimonios autónomos y los encargos fiduciarios. 2.Respecto a los consorcios y las uniones temporales.
¿Es válida la compensación como forma de extinguir las obligaciones derivadas de las importaciones?	No, de hecho, el artículo 3 del Capítulo 1 de la DCIP 83 establece una prohibición de realizar compensaciones. Y de hecho, salvo el pago y la dación en pago, no se autoriza de forma expresa ninguna de las otras formas de extinguir las obligaciones; lo que deriva en que deba revisarse caso por caso su viabilidad.

[1] https://www.banrep.gov.co/es/operaciones-comercio-exterior-de-bienes/conceptos-generales

¿Cómo se pueden pagar las mercancías?	Al tratarse de Operaciones del Mercado Cambiario, existen dos formas mediante las cuales se pueden canalizar en debida forma las divisas para los pagos por concepto de importaciones: 1. Efectuar la compra de las divisas y presentar la D.C. ante un IMC. 2. Transferir las divisas por intermedio de una cuenta sometida al mecanismo de compensación (cuenta de compensación)
¿Cuál es el valor que se debe girar y poner en la Declaración de Cambios?	El valor que se consigna en la Declaración de Cambios debe corresponder con los valores efectivamente girados al exterior de acuerdo con el Incoterm utilizado (FOB, CIF o EXW, entre otros). Así las cosas, si existen gastos asociados a las importaciones que se encuentren discriminados en la factura del proveedor, estos deberán ser reportados a través del numeral cambiario correspondiente de conformidad con el Anexo 1 de la DCIP 83.
¿Pueden efectuarse pagos por valores diferentes al consignado en la declaración de importación?	Sí, de hecho, el artículo 3 del capítulo 3 de la DCIP 83 establece los siguientes: (i) Mercancía embarcada sin haber sido nacionalizada; (ii) decomisos administrativos; (iii) abandonos de mercancía a favor del Estado; (iv) mercancía averiada y; (v) descuentos por defecto de la mercancía, pronto pago o volumen de compras.
¿Qué son los Numerales Cambiarios?	Según el Banco de la República: Los numerales cambiarios son los códigos asignados por el Banco de la República para identificar las operaciones de cambio que se canalicen a través del mercado cambiario.[1]

1 https://www.banrep.gov.co/es/numerales-cambiarios

2.2.1. GIRO DE LOS RECURSOS AL EXTERIOR.

En este escenario estaríamos en una operación de salida de recursos a través de un IMC, motivo por el que sería aplicable la gráfica correspondiente a Egreso de Divisas del capítulo 1.5. de la presente obra.

La salida de los recursos puede ser representado de la siguiente forma:

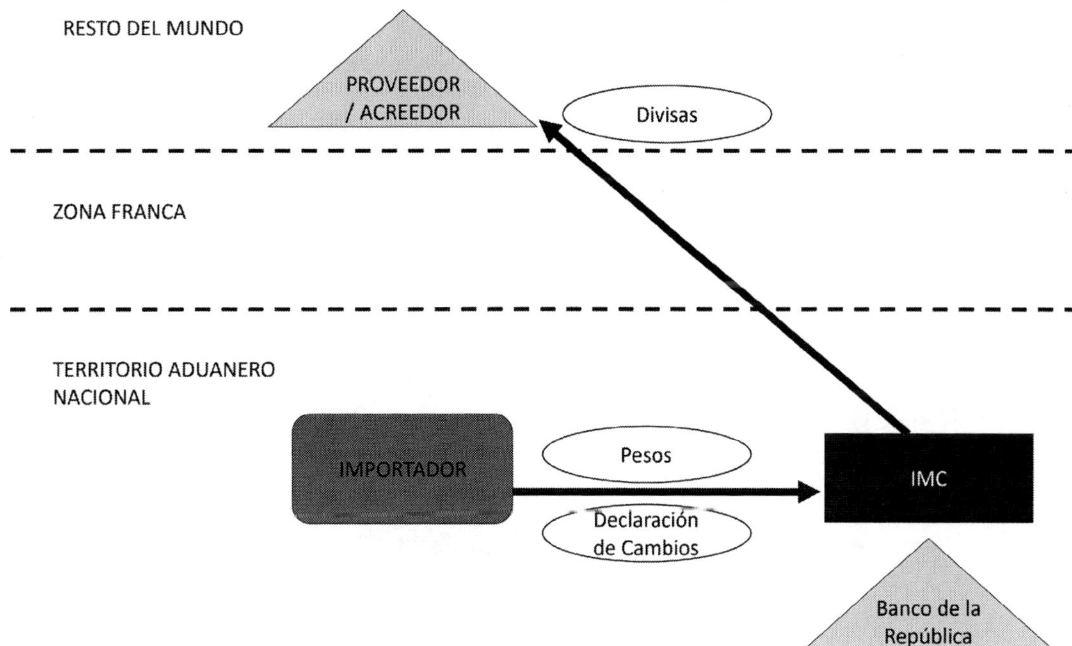

2.2.2. PAGO DE LAS IMPORTACIONES EN MONEDA LEGAL.

El artículo 70 de la R.E. 01 de 2018, permite que se paguen importaciones en pesos colombiano, y el artículo 3.1.1. del Capítulo 3 DCIP 83, permite que sea realizado de dos formas, siendo en ambas necesario que por parte del importador se presente declaración de cambios:

1. Mediante abono en la cuenta que tenga en pesos el no residente (proveedor), la cual debe ser una Cuenta de Uso General de acuerdo con el numeral 10.4.2.1 del Capítulo 10 de la DCIN 83. En este caso se le presentaría la declaración de cambios al IMC desde el que se realizó la transferencia.

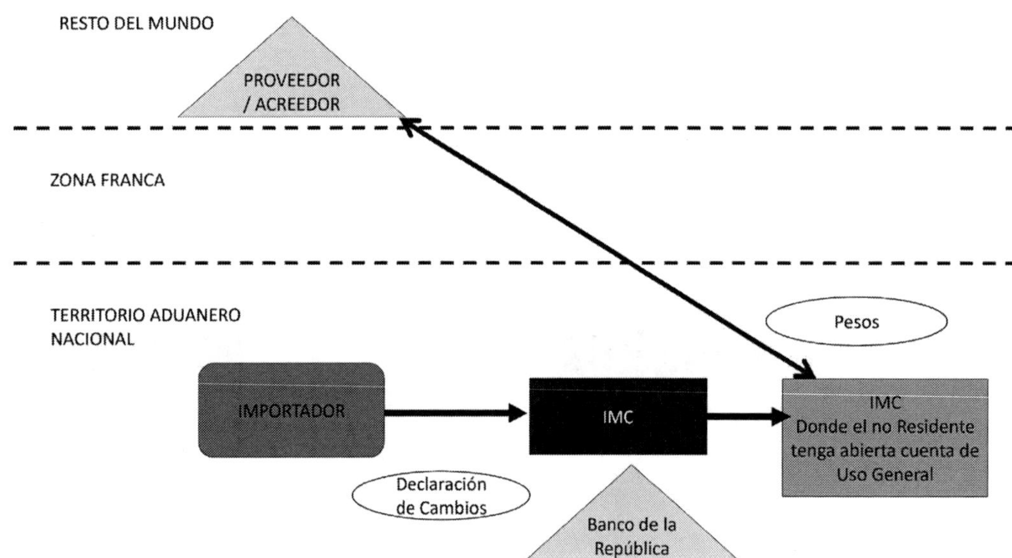

2. También puede el importador emitir un cheque para que su proveedor no residente lo cobre por ventanilla, en este caso la declaración de cambios deberá ser presentada por el importador al IMC donde tenga su cuenta:

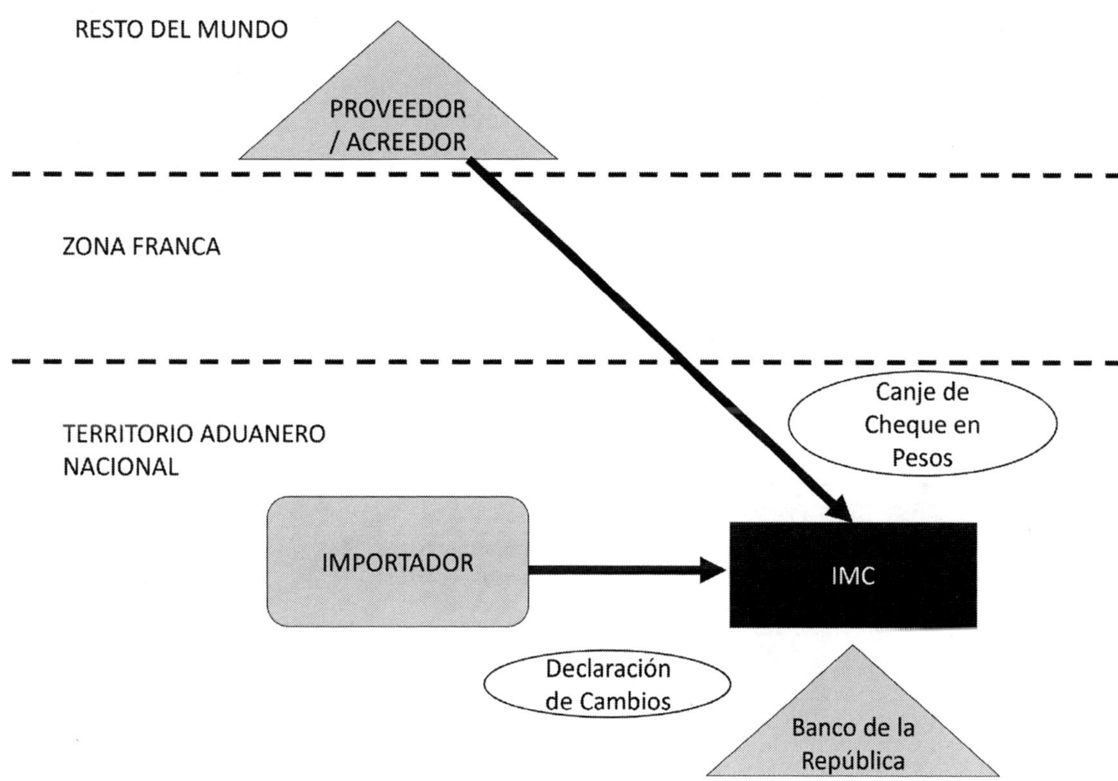

2.2.3. PAGO DE LAS IMPORTACIONES CON TARJETA DE CRÉDITO

El Art. 3.1.2. del Capítulo 3 de la DCIP 83 establece la posibilidad y las formas en la que estos pagos pueden ser llevados a cabo:

1. Cuando el pago de importaciones de bienes se realice con tarjetas de crédito o débito emitidas en Colombia y cobradas en moneda legal colombiana o mediante transferencia de fondos en moneda legal, el registro de utilización de la tarjeta o de la transferencia de fondos constituye la declaración de cambio.

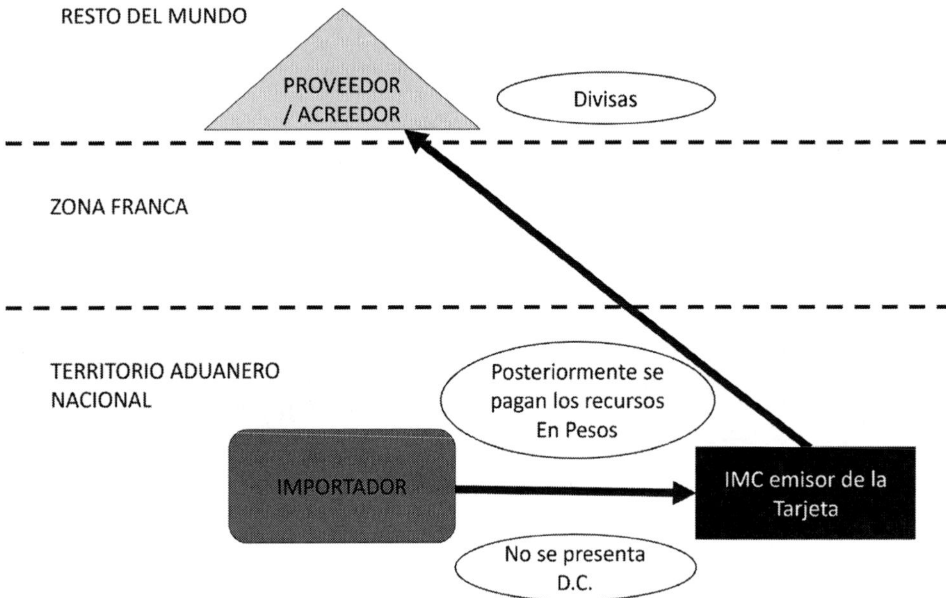

2. Si el pago se realiza con tarjetas de crédito emitidas en el exterior o en Colombia cobradas en divisas, el registro de utilización de la tarjeta constituye la declaración de cambio.

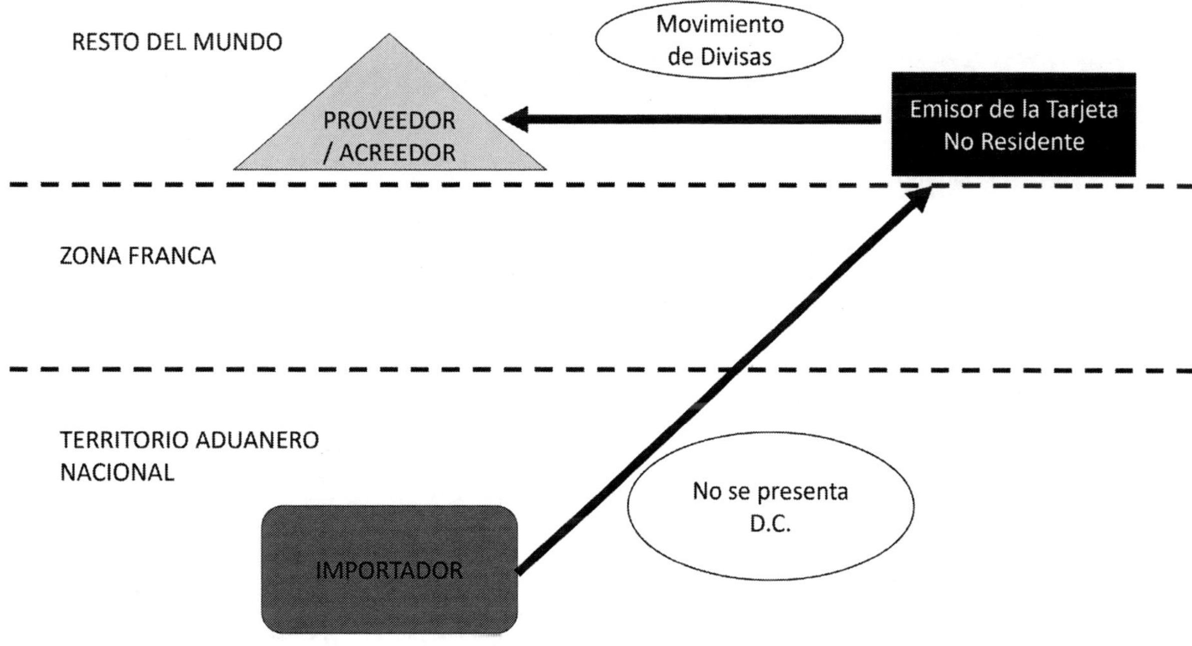

2.2.4. DACIÓN EN PAGO

El artículo 3.2.5 del Capítulo 3 de la DCIP 83 permite que las obligaciones derivadas de la financiación de importaciones puedan ser extinguidas mediante dación en pago.

Sin embargo, en este escenario es necesario que se suministre la información de los datos mínimos de las operaciones de cambio por importaciones de bienes (Declaración de Cambio) al IMC.

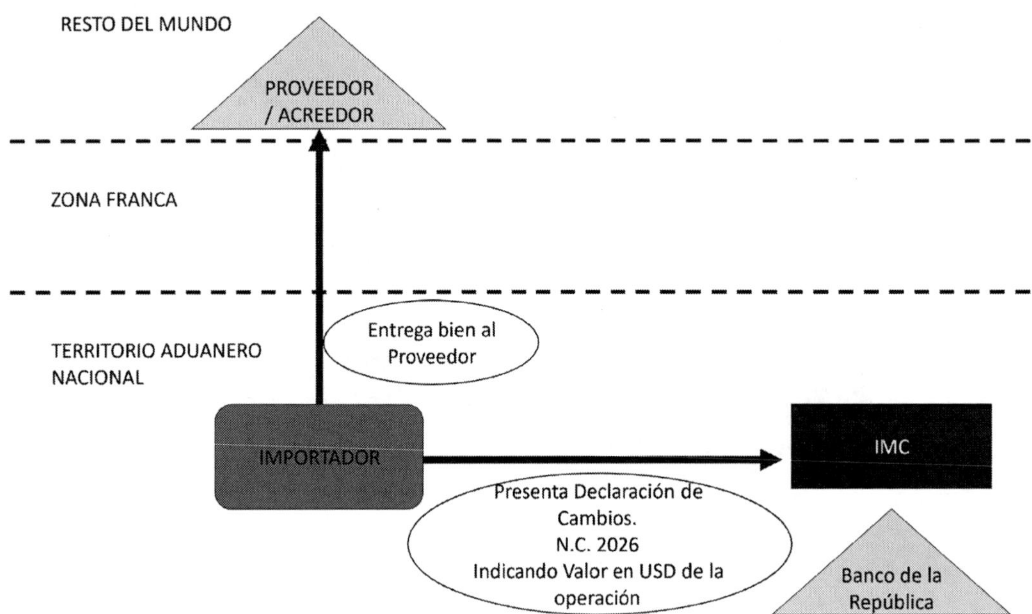

2.2.5. NUMERALES CAMBIARIOS MÁS EMPLEADOS EN IMPORTACIONES

Conforme al Anexo 1 de la DCIP 83, dependiendo de las características propias de las operaciones del mercado cambiario, se debe emplear el Numeral Cambiario que corresponda. En materia de importaciones de bienes, algunos de los más empleados son los siguientes:

N.C.	DESCRIPCIÓN
2015	Giro por importaciones de bienes ya embarcados en un plazo igual o inferior a un (1) mes y por importaciones de bienes pagadas con divisas
2016	Gastos de importación de bienes incluidos en la factura de los proveedores de los bienes y/o contrato de compraventa de bienes. Gastos de exportación.
2017	Pago anticipado de futuras importaciones de bienes, efectuado con recursos propios de los importadores residentes en Colombia o compra de mercancías por usuarios de zona franca
2060	Pago de importación de bienes en moneda legal colombiana.
2022	Giro por importaciones de bienes ya embarcados en un plazo superior a un (1) mes e inferior o igual a doce (12) meses, financiadas por proveedores u otros no residentes, pagadas con divisas
2026	Dación en pago de importaciones de bienes

2.3. PAGO DE LAS EXPORTACIONES

Esta operación de comercio internacional puede diagramarse de una forma muy básica así:

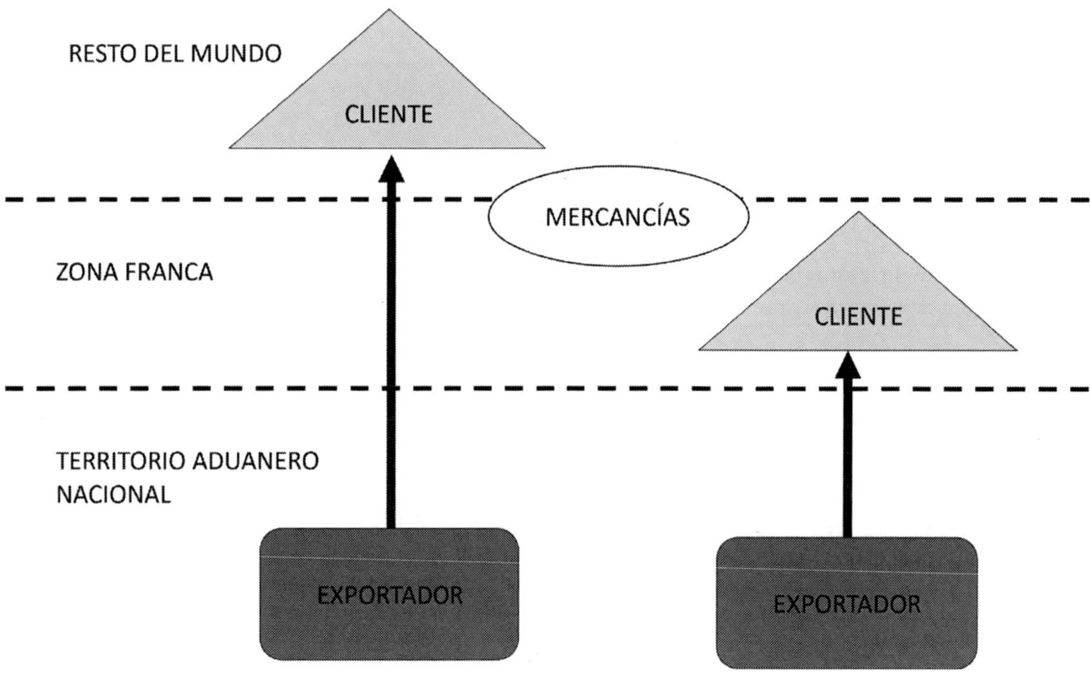

DUDAS FRECUENTES RESPECTO AL PAGO DE LAS EXPORTACIONES	
PREGUNTA	**RESPUESTA**
¿Quién puede hacerlo?	Las divisas deberán ser canalizadas a través del mercado cambiario por quien efectuó la exportación de bienes, y éstas podrán provenir del deudor, su cesionario o de centros o personas que adelanten en el exterior la gestión de recaudo y/o pago internacional, se trate de residentes o no residentes. Los residentes no podrán canalizar pagos de exportaciones de bienes que hayan sido realizadas por otros. Capítulo 4 DCIP 83
¿Es aplicable el principio de coincidencia?	Sí, al tratase de una operación de comercio exterior, el titular de la operación será quien figure en los documentos aduaneros como exportador.[1]
¿Pueden existir situaciones en las cuales no coincida el exportador con el destinatario del pago?	Sí, el artículo 1.3 del capítulo 1 de la DCIP 83 establece dos situaciones: 1. Frente a los patrimonios autónomos y los encargos fiduciarios. 2.Respecto a los consorcios y las uniones temporales.
¿Es válida la compensación como forma de extinguir las obligaciones derivadas de las exportaciones?	No, al igual que en el caso de las importaciones, para las exportaciones también existe prohibición expresa consagrada en capítulo 4 de la DCIP 83.
¿Cómo se puede recibir el pago de las mercancías?	Al tratarse de Operaciones del Mercado Cambiario, existen dos formas mediante las cuales se pueden canalizar en debida forma las divisas para los pagos por concepto de importaciones: 1. Efectuar la venta de las divisas y presentar la D.C. ante un IMC. 2. Recibir las divisas por intermedio de una cuenta sometida al mecanismo de compensación (cuenta de compensación)

1 https://www.banrep.gov.co/es/operaciones-comercio-exterior-de-bienes/conceptos-generales.

DUDAS FRECUENTES RESPECTO AL PAGO DE LAS EXPORTACIONES	
PREGUNTA	**RESPUESTA**
¿Cuál es el valor que se puede recibir y poner en la Declaración de Cambios?	El valor que se consigna en la Declaración de Cambios debe corresponder con los valores efectivamente recibidos del exterior de acuerdo con el Incoterm utilizado (FOB, CIF o EXW, entre otros). Así las cosas, si existen gastos asociados a las exportaciones que le sean discriminados en la factura al cliente no residente, estos deberán ser reportados a través del numeral cambiario correspondiente de conformidad con el Anexo 1 de la DCIP 83.
¿Debe ser registrado el endeudamiento generado por la financiación de las mercancías al cliente no residente?	No, desde la perspectiva cambiaria no ha necesidad de efectuar registro alguno por los bienes que fueron exportados y cuyo pago no ha sido realizado por el cliente. Sin embargo, el plazo de financiación sí afectará el Numeral Cambiario a aplicar.
¿Deben ser empleados numerales cambiarios en la Declaración de Cambios?	Sí, de hecho, los numerales cambiarios correspondientes a las exportaciones podrán ser encontrados en el acápite de ingresos del Anexo 1 de la DCIP 83.

2.3.1. RECEPCIÓN DE LOS RECURSOS PROVENIENTES DEL EXTERIOR.

En este escenario estaríamos en una operación de ingreso de recursos a través de un IMC, motivo por el que sería aplicable la gráfica correspondiente a Ingreso de Divisas del capítulo 1.5. de la presente obra.

El ingreso de los recursos puede ser representado de la siguiente forma:

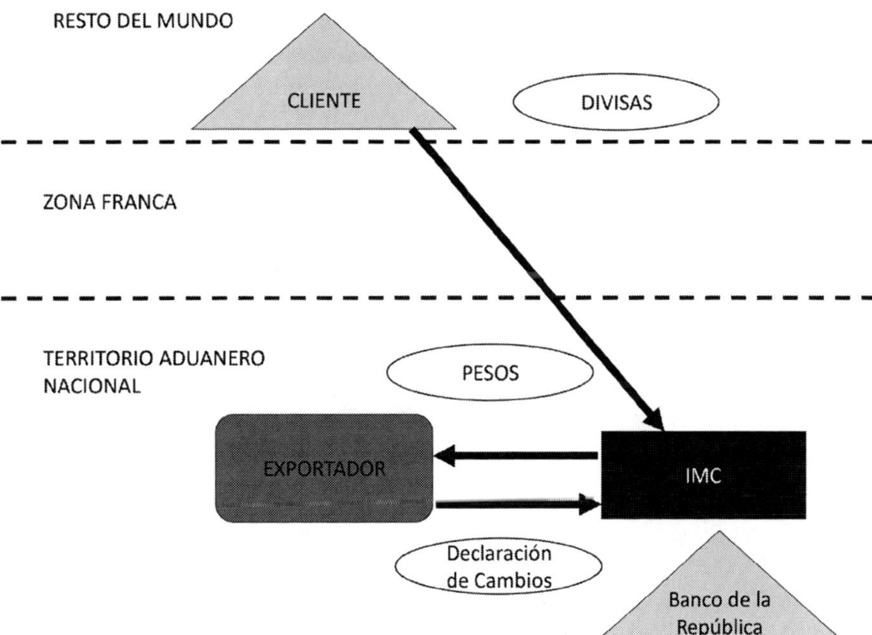

2.3.2. RECEPCIÓN DEL PAGO DE LAS EXPORTACIONES EN MONEDA LEGAL.

El artículo 77 de la R.E. 01 de 2018, permite que se paguen importaciones en pesos colombiano, y el artículo 4.1.1. del Capítulo 4 DCIP 83, permite que el pago sea realizado a través del mercado cambiario, como se transcribe a continuación:

> *Los compradores del exterior deberán efectuar la transferencia de los recursos desde las cuentas en moneda legal colombiana abiertas por éstos, de conformidad con lo previsto en el numeral 10.4.2.1 del Capítulo 10 de esta Circular. El exportador deberá suministrar al IMC donde se abonan los recursos en pesos producto del pago de la exportación de los bienes, la información de los datos mínimos de las operaciones de cambio por exportaciones de bienes (Declaración de Cambio), dentro de los cinco (5) días hábiles siguientes al pago mediante el abono en cuenta.*

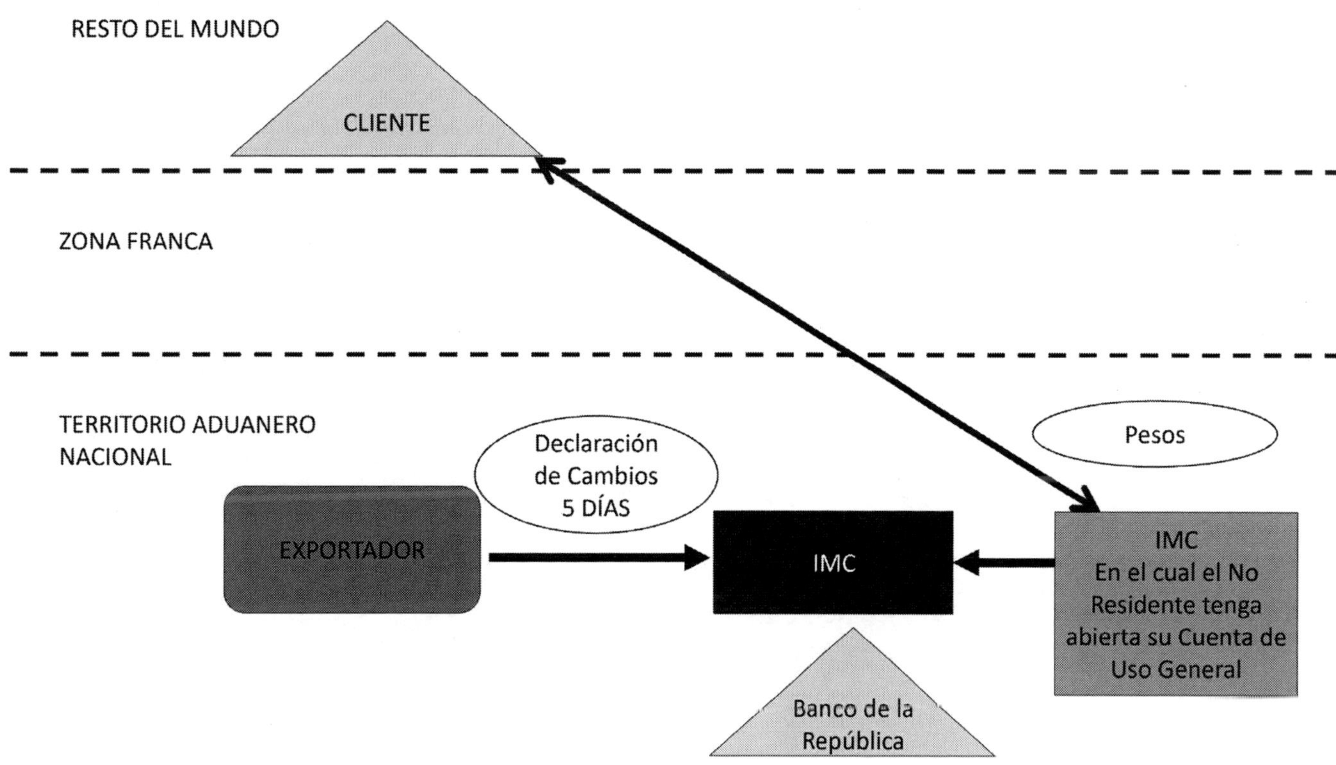
RESTO DEL MUNDO
CLIENTE
ZONA FRANCA
TERRITORIO ADUANERO NACIONAL
Declaración de Cambios 5 DÍAS
Pesos
EXPORTADOR
IMC
IMC En el cual el No Residente tenga abierta su Cuenta de Uso General
Banco de la República

2.3.3. RECEPCIÓN DEL PAGO DE LAS EXPORTACIONES CON TARJETA DE CRÉDITO

El Art. 4.1.2. del Capítulo 4 de la DCIP 83 establece la posibilidad y la forma en la que estos pagos pueden ser llevados a cabo:

> *Cuando el abono de los recursos se realice en la cuenta en moneda legal colombiana del exportador, el registro del abono en la cuenta del exportador constituye la declaración de cambio.*

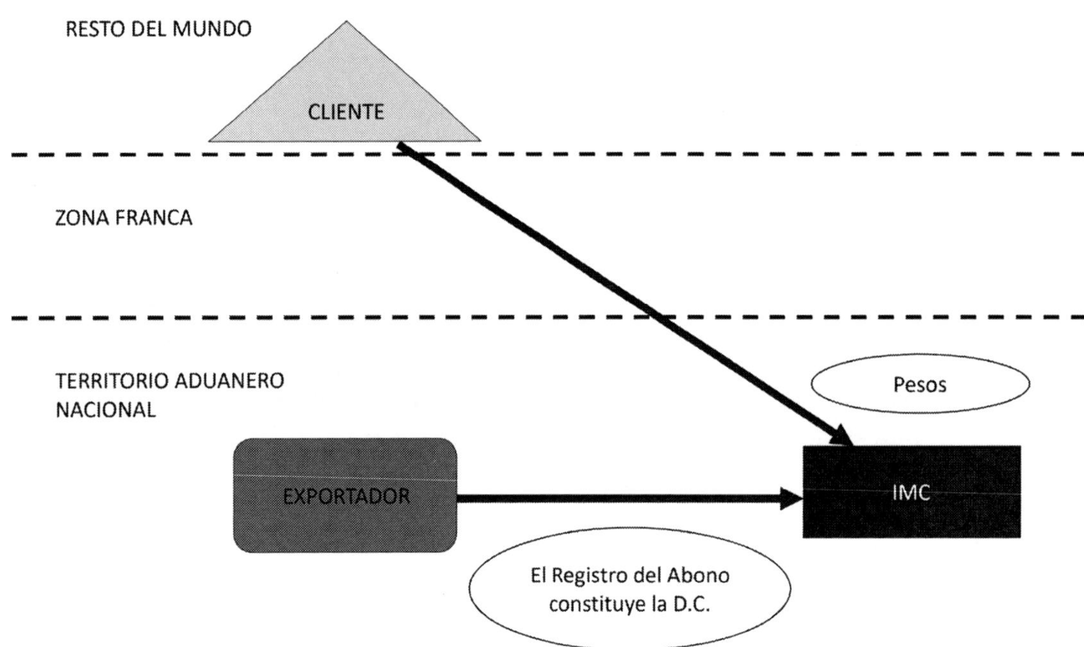

2.3.4. DACIÓN EN PAGO

El artículo 4.2.4 del Capítulo 4 de la DCIP 83 permite que las obligaciones derivadas de la financiación de importaciones puedan ser extinguidas mediante dación en pago.

Sin embargo, en este escenario es necesario que se suministre la información de los datos mínimos de las operaciones de cambio por importaciones de bienes (Declaración de Cambio) al IMC.

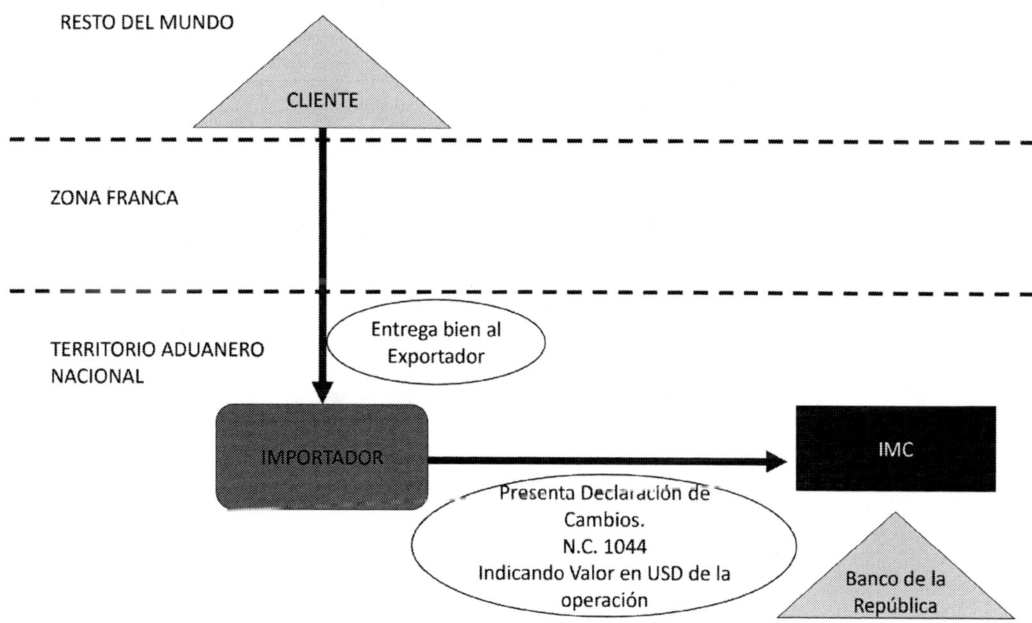

2.3.5. NUMERALES CAMBIARIOS MÁS EMPLEADOS EN EXPORTACIONES:

Conforme al Anexo 1 de la DCIP 83, dependiendo de las características propias de las operaciones del mercado cambiario, se debe emplear el Numeral Cambiario que corresponda. En materia de importaciones de bienes, algunos de los más empleados son los siguientes:

N.C.	DESCRIPCIÓN
1040	Reintegro por exportaciones de bienes diferentes de café, carbón, ferroníquel, petróleo y sus derivados y por exportaciones de bienes pagados con divisas.
1043	Reintegro por exportaciones de bienes en un plazo superior a los doce (12) meses, financiados por el exportador
1044	Dación en pago de exportaciones de bienes.
1060	Pago de exportaciones de bienes en moneda legal colombiana.
1510	Gastos de exportación de bienes incluidos en la declaración de exportación definitiva.

2.4. OPERACIONES CON USUARIOS DE ZONA FRANCA

Pese a que, desde la perspectiva aduanera, tenemos que las Zonas Francas no hacen parte del Territorio Aduanero Nacional, desde la perspectiva cambiaria, las operaciones entre Usuarios de Zona Franca y el resto de los residentes para efectos cambiarios, se tienen como operaciones internas a las luces de los artículos 92 y 93 de la R.E. 01 de 2018.

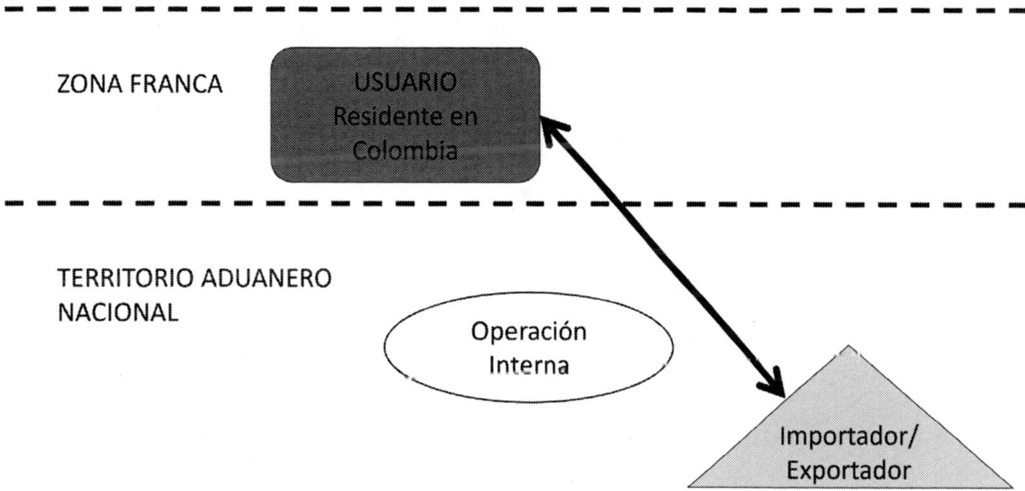

Así las cosas, aunque el ingreso de mercancías a Zona Franca no es propiamente una importación, ni su salida una exportación, para efectos cambiarios sus pagos se asimilan a ello.

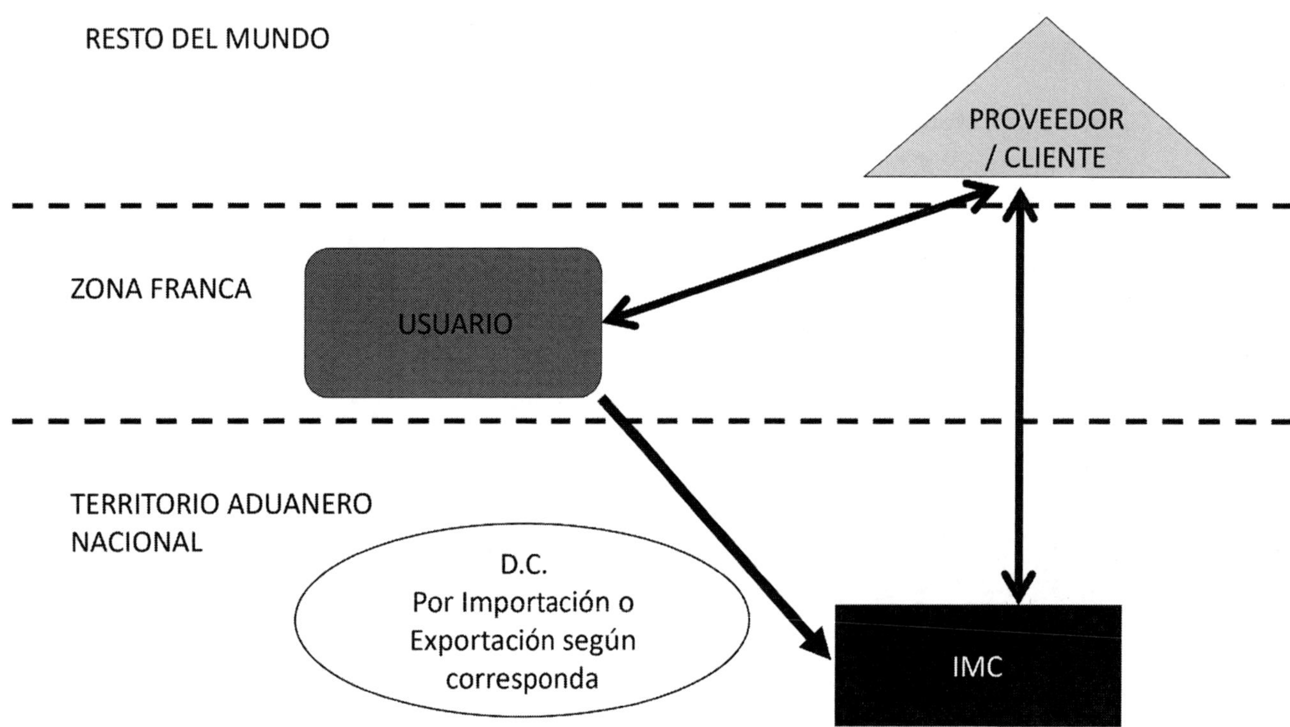

De esta forma es posible afirmar que el criterio de mayor relevancia en este tipo de operaciones es la residencia del proveedor o cliente, más que si se encuentra o no establecido en Zona Franca, es también por esto que el literal K del Capítulo 9 de la DCIP 83 establece que las ventas y compras de mercancías almacenadas en estos lugares, siempre que pertenezcan a No Residentes, se trataran como importaciones o exportaciones desde la perspectiva cambiaria.

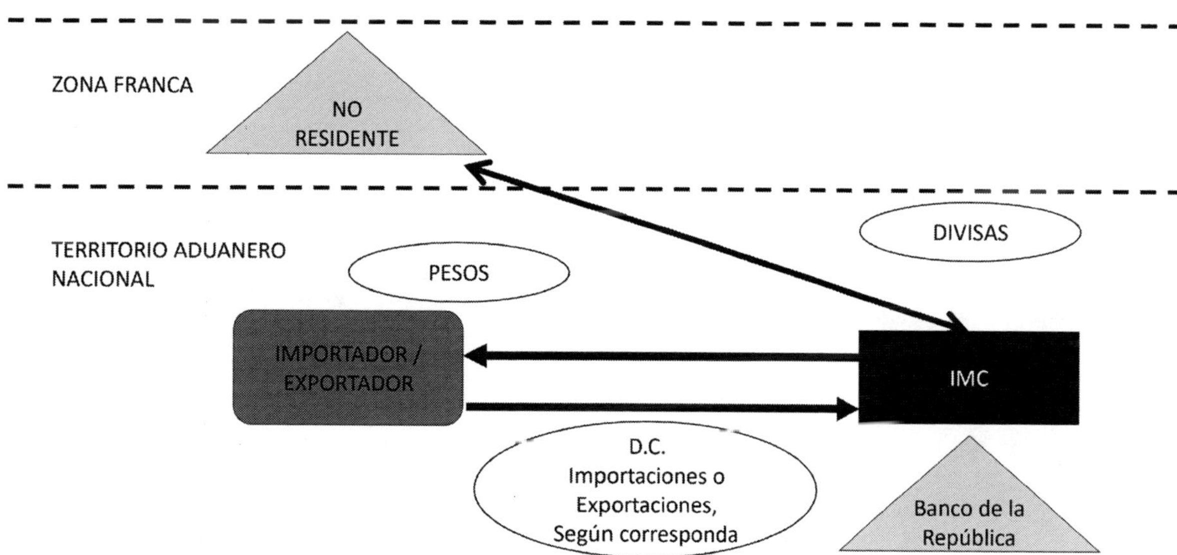

3. OPERACIONES DE ENDEUDAMIENTO, AVALES Y GARANTÍAS.

3.1. ENDEUDAMIENTO EXTERNO

Es definido en el artículo 44 de la R.E. 01 de 2018 de la siguiente forma:

> *Los créditos entre residentes o intermediarios del mercado cambiario y no residentes son créditos externos. También son créditos externos los créditos otorgados por los intermediarios del mercado cambiario a los residentes o a otros intermediarios del mercado cambiario estipulados en moneda extranjera.*
>
> *Estos créditos deben canalizarse a través del mercado cambiario, de conformidad con la presente resolución y con la reglamentación de carácter general que señale el Banco de la República.*

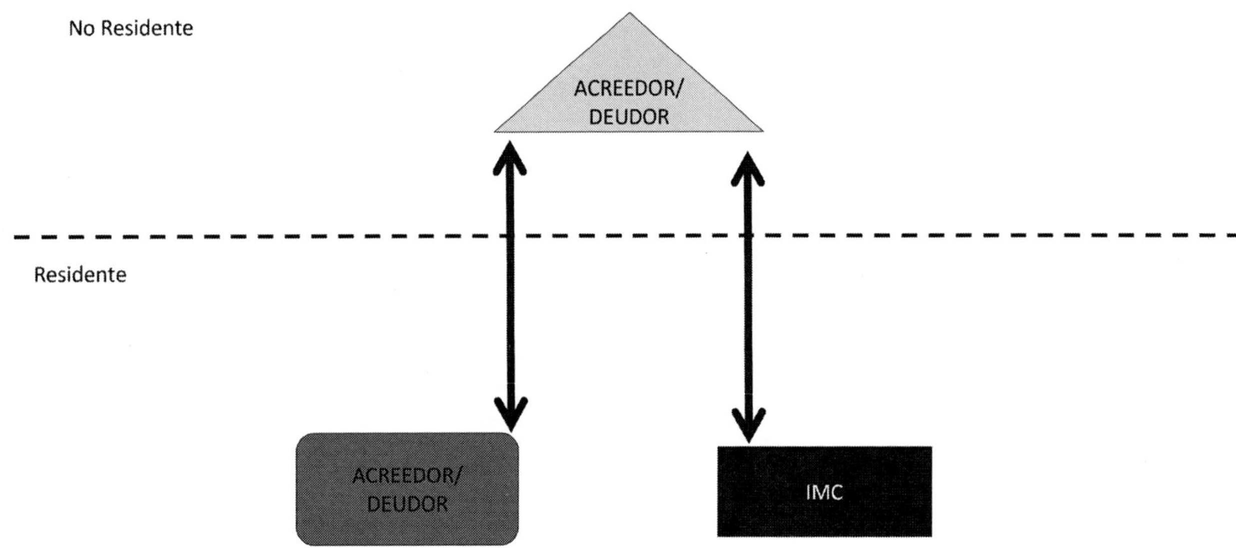

No Residente

Residente

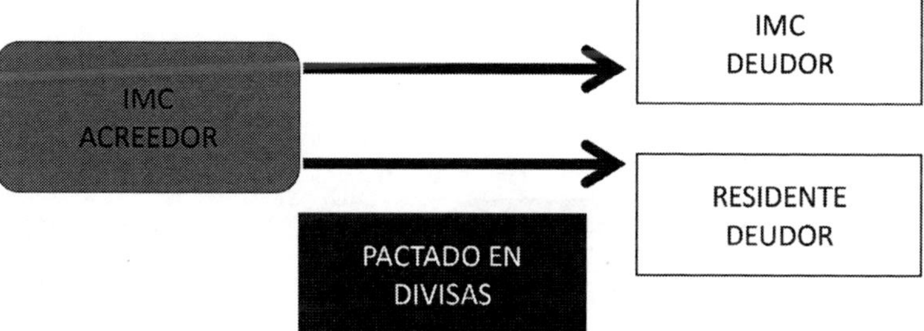

3.1.1. CRÉDITOS PASIVOS

Se trata de una operación del mercado cambiario, en la cual un residente o un IMC resulta deudor de un no residente o de un IMC en divisas.

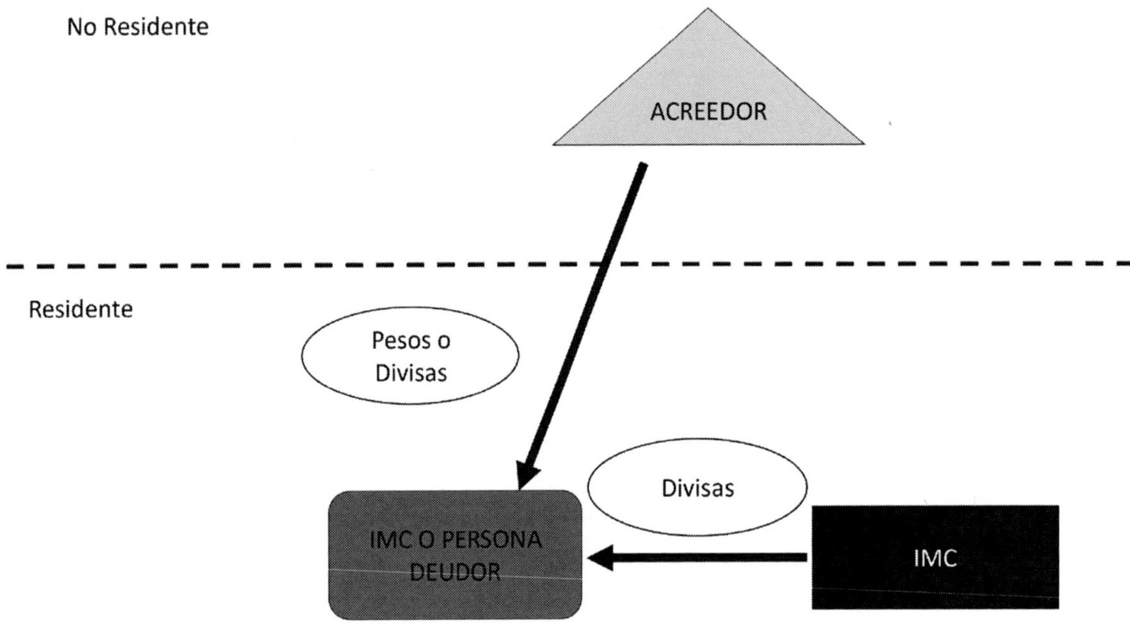

Estas operaciones del mercado cambiario deben ser registradas ante el Banrep, registro que se realiza a través de los IMC y en el cual se exige la presentación de un informe específico específico.

3.1.1.1. REGISTRO DEL ENDEUDAMIENTO PASIVO Y DEL ACREEDOR

"Informe de Crédito Externo Otorgado a Residentes" (Antes Formulario Número 6)

A través de este informe se registra la operación de endeudamiento pasivo:	Debe ser presentado ante un IMC.	El informe deberá presentarse en forma **previa** al desembolso del crédito
• Ya no se trata de un formulario, pero aun así debe contar con la descripción del Art. 5.6. Cap. 5 DCIP 83. • En caso de que el acreedor no cuente con código ante el Banrep, deberá solicitarse la inscripción ante un IMC.	• El IMC se encarga de verificar las condiciones del endeudamiento. • El IMC verificará que el acreedor se encuentre registrado ante el Banrep. • El IMC se encarga de asignarle un código al endeudamiento pasivo (Hasta 17 Dígitos)	

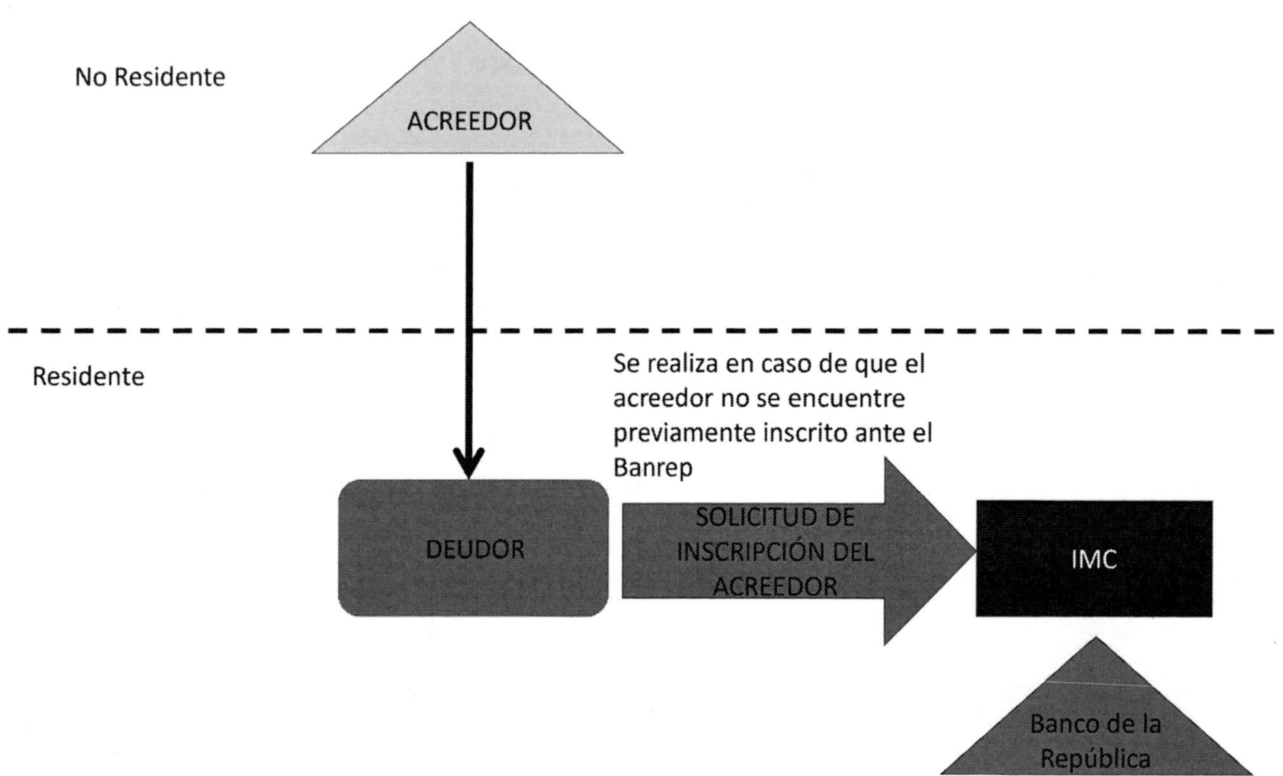
No Residente
ACREEDOR
Residente
Se realiza en caso de que el acreedor no se encuentre previamente inscrito ante el Banrep
DEUDOR
SOLICITUD DE INSCRIPCIÓN DEL ACREEDOR
IMC
Banco de la República

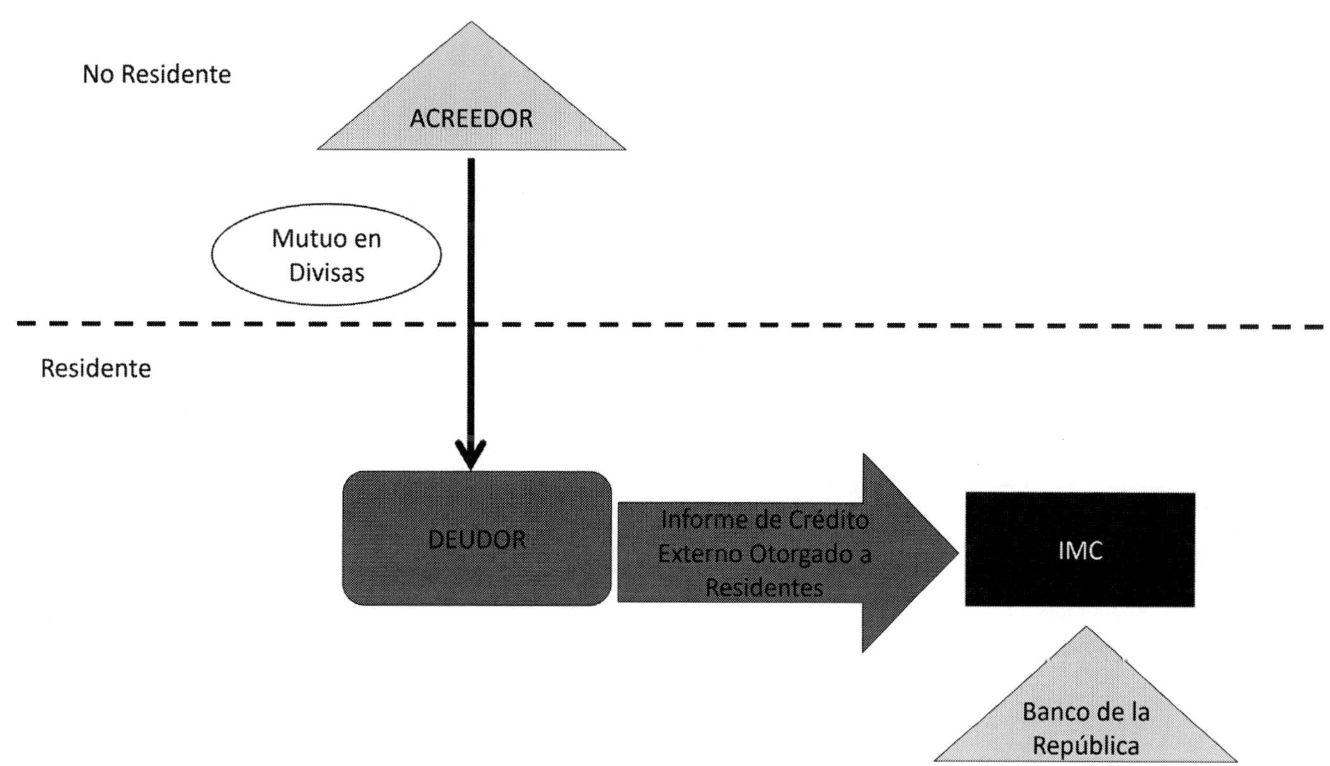
No Residente
ACREEDOR
Mutuo en Divisas
Residente
DEUDOR
Informe de Crédito Externo Otorgado a Residentes
IMC
Banco de la República

NO TENDRÁN OBLIGACIÓN DE INFORME LOS SIGUIENTES CRÉDITOS EXTERNOS:
Los que obtengan los residentes por el uso de tarjetas de crédito,
Los generados por los sobregiros en cuentas en el exterior de residentes,
Los obtenidos por IMC para realizar operaciones activas de leasing de exportación o de importación estipuladas en moneda extranjera.
Los obtenidos por residentes para financiar sus importaciones y exportaciones de bienes, salvo las excepciones previstas en este Capítulo.
Los que obtengan los IMC para actuar como proveedores locales de liquidez de moneda extranjera con los sistemas de compensación y liquidación de divisas.
Los que obtengan los IMC, incluyendo las sociedades comisionistas de bolsa de valores en desarrollo de lo previsto en el parágrafo 3 del artículo 8 de la R.E. 1/18 J.D.

El IMC entre otras cosas deberá:

- Exigir la presentación del Informe de Crédito Externo Otorgado a Residentes, utilizando los mecanismos que establezca el IMC.
- Exigir copia del documento donde conste el contrato del préstamo y sus modificaciones, o el anticipo para futuras capitalizaciones.
- Verificar que el tipo de acreedor indicado en el Informe de Crédito Externo Otorgado a Residentes coincida con los documentos soporte que sean presentados por el residente, su apoderado o mandatario.
- Asignar al Informe de Crédito Externo Otorgado a Residentes la fecha de presentación y el número de identificación del crédito, el cual contiene hasta veintidós (22) dígitos.

3.1.1.2. DESEMBOLSO DEL ENDEUDAMIENTO PASIVO.

Una vez presentado el "Informe de Crédito Externo Otorgado a Residentes" ante el IMC, que debe ser realizado antes del desembolso. Con la canalización de las divisas deberá presentarse Información de datos mínimos para operaciones de cambio por endeudamiento externo (antes Declaración de Cambios con Formulario 3).

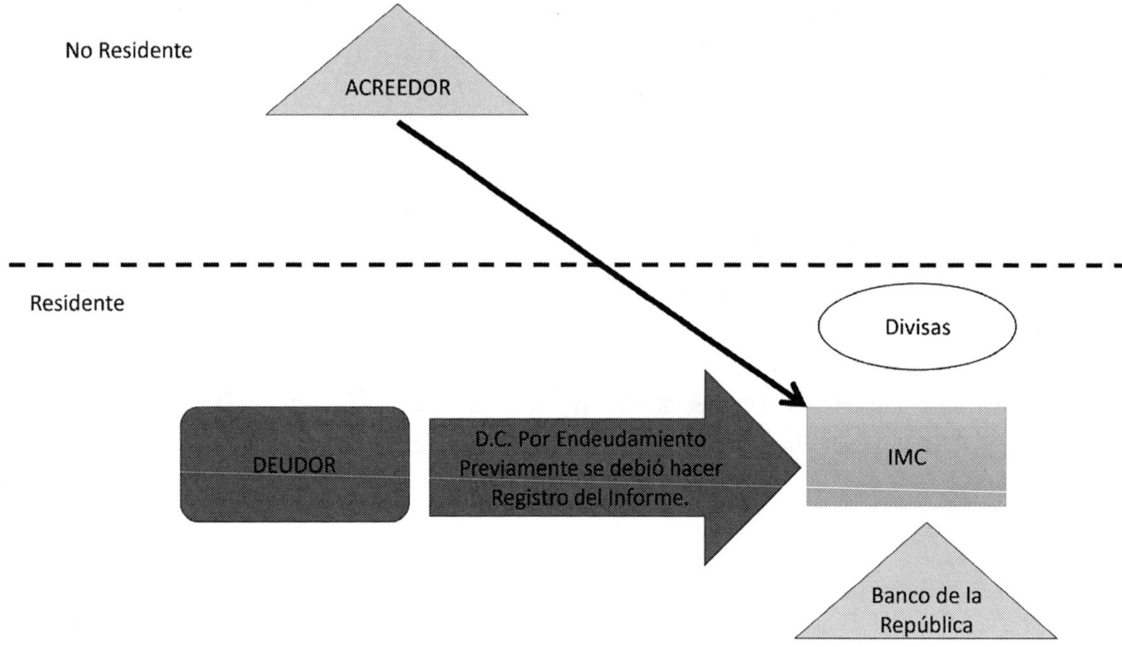

3.1.1.3. DESEMBOLSO DEL ENDEUDAMIENTO PASIVO EN EL EXTERIOR

También existe la posibilidad de que estos créditos no tengan que ser monetizados al momento del desembolso, sino que se paguen directamente en divisas en el exterior en cuyo caso se entenderán canalizadas en debida forma las operaciones con la presentación de la Información de datos mínimos para operaciones de cambio por crédito externo (declaración de cambio); lo anterior siempre y cuanto se encuadren en las excepciones contempladas en el aparte 5.1.5. de la DCIP 83.

LOS DESEMBOLSOS DE CRÉDITOS EN MONEDA EXTRANJERA PODRÁN EFECTUARSE DIRECTAMENTE EN EL EXTERIOR PREVIA LA CONSTITUCIÓN DEL DEPÓSITO, CUANDO A ÉL HAYA LUGAR, EN LOS SIGUIENTES CASOS:
a. Cuando se trate de créditos obtenidos para realizar inversiones colombianas en el exterior.
b. Las deducciones que efectúe el acreedor al momento del desembolso del crédito por concepto de intereses, impuestos y/o servicios vinculados directamente con el préstamo.
c. Cuando se trate de la sustitución de un crédito por otro.
d. Cuando se trate de créditos contratados por entidades del sector público con la banca multilateral.
e. Los recursos que entregue BANCOLDEX a Segurexpo de Colombia S.A. en desarrollo de créditos contratados por la Nación con BANCOLDEX para atender el pago de indemnizaciones derivadas de siniestros que afecten pólizas de seguro de crédito a la exportación en la modalidad de riesgos políticos y extraordinarios garantizados por la Nación.
f. Cuando se trate de créditos contratados por residentes para cubrir las obligaciones derivadas de la compra a entidades públicas colombianas de acciones, participaciones o cuotas de sociedades colombianas o derechos de suscripción preferencial de las mismas, o de la remuneración correspondiente a contratos de concesión o licencia.
g. Cuando se trate de créditos obtenidos para los propósitos previstos en el numeral 4 del artículo 49 de la R.E. 1/18 J.D.
h. Cuando se trate de créditos externos que incluyan la financiación del depósito en dólares de los Estados Unidos de América, se exonera de canalización a través del mercado cambiario la porción que se destine a la constitución de dicho depósito.
i. Cuando se trate de créditos obtenidos para pagar créditos de importaciones.

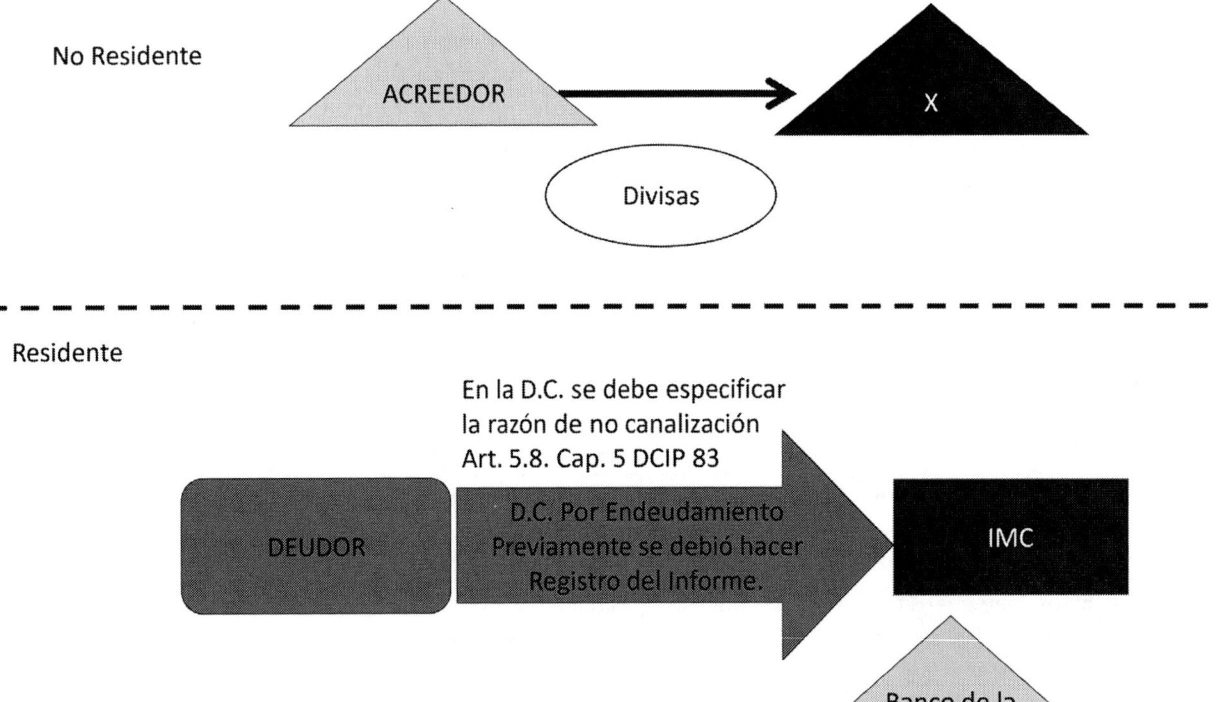
No Residente
ACREEDOR
X
Divisas
Residente
En la D.C. se debe especificar
la razón de no canalización
Art. 5.8. Cap. 5 DCIP 83
DEUDOR
D.C. Por Endeudamiento
Previamente se debió hacer
Registro del Informe.
IMC
Banco de la
República

3.1.1.4. DESEMBOLSO DEL ENDEUDAMIENTO PASIVO EN MONEDA LEGAL

En el escenario de que sea efectuado el desembolso por parte de un No Residente a un Residente en pesos colombianos, esta operación solamente puede ser realizada mediante una transferencia de la cuenta de uso exclusivo, a la cuenta de ahorros o corriente del segundo. Una vez la transferencia sea realizada, deberá el Residente presentar el "Informe de Crédito Externo Otorgado a Residentes" y la declaración de cambios por endeudamiento externo de forma simultánea dentro de un término máximo de 15 días al IMC en el cual tiene abierta la cuenta que recibe el desembolso.

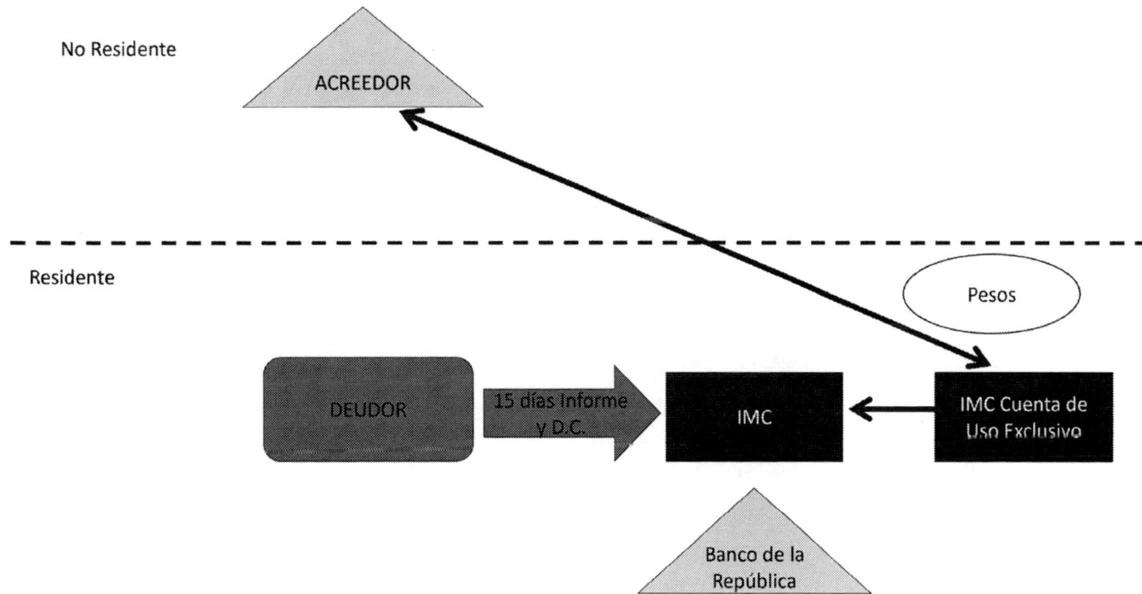

3.1.1.5. PAGO DEL ENDEUDAMIENTO PASIVO EN DIVISAS

De acuerdo con las condiciones propias del crédito con posterioridad a su desembolso, el deudor Residente en Colombia deberá pagar al No Residente tanto el capital como los intereses derivados de la operación, la que será tratada como un egreso de divisas (ver capítulo 1.6) y en cuyo caso se deberá presentar la Información de datos mínimos para operaciones de cambio por endeudamiento externo (Declaración de Cambios).

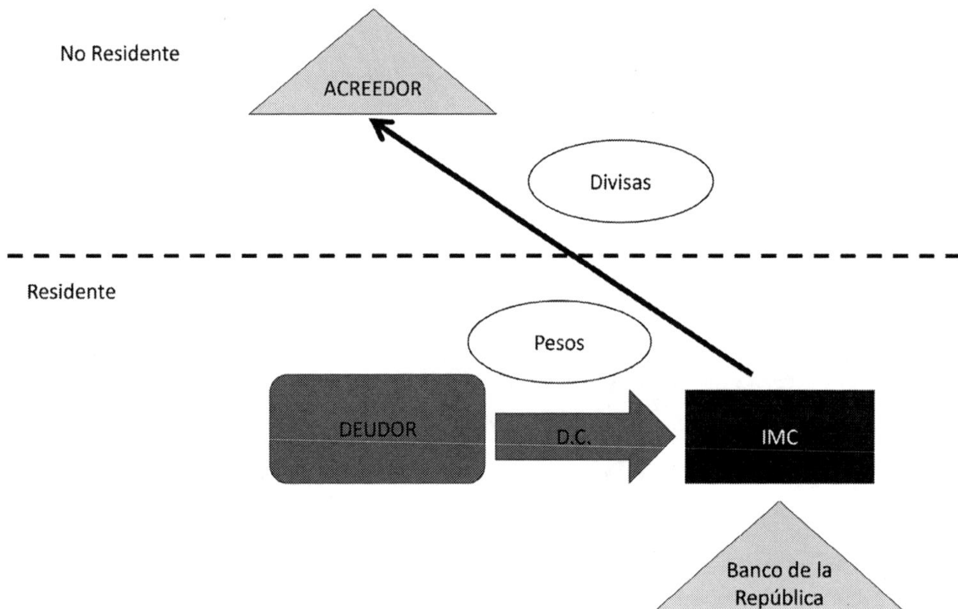

3.1.1.6. PAGO DEL ENDEUDAMIENTO PASIVO EN MONEDA LEGAL

De acuerdo con el artículo 5.1.11 del capítulo 5 de la DCIP 83, de la misma forma que se permite el desembolso del endeudamiento en pesos colombianos, es posible que el pago sea efectuado de esta forma. Sin embargo, dicho pago solamente puede ser efectuado mediante transferencia a una "Cuenta de Uso Exclusivo" y deberá ser presentada la Información de datos mínimos para operaciones de cambio por endeudamiento externo (Declaración de Cambios), dentro de los 15 días siguientes al giro de los recursos.

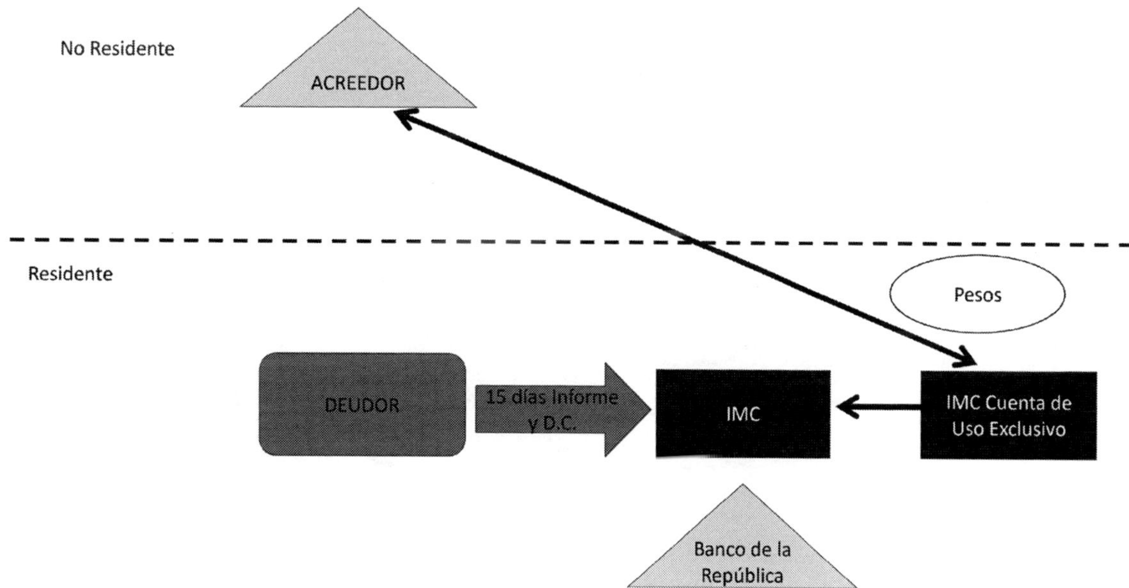

3.1.1.7. IMPOSIBILIDAD JURÍDICA DE CUMPLIR CON LA OBLIGACIÓN

El artículo 5.1.7.3. del capítulo 5 de la DCIP 83 establece un procedimiento especial, el cual consta en presentarle al IMC la declaración de cambio de crédito externo indicando la razón de no canalización, que deberá ir acompañada de la certificación de un contador público o del revisor fiscal (si la entidad tiene la obligación de tenerlo), en la cual conste la cancelación de la cuenta por pagar.

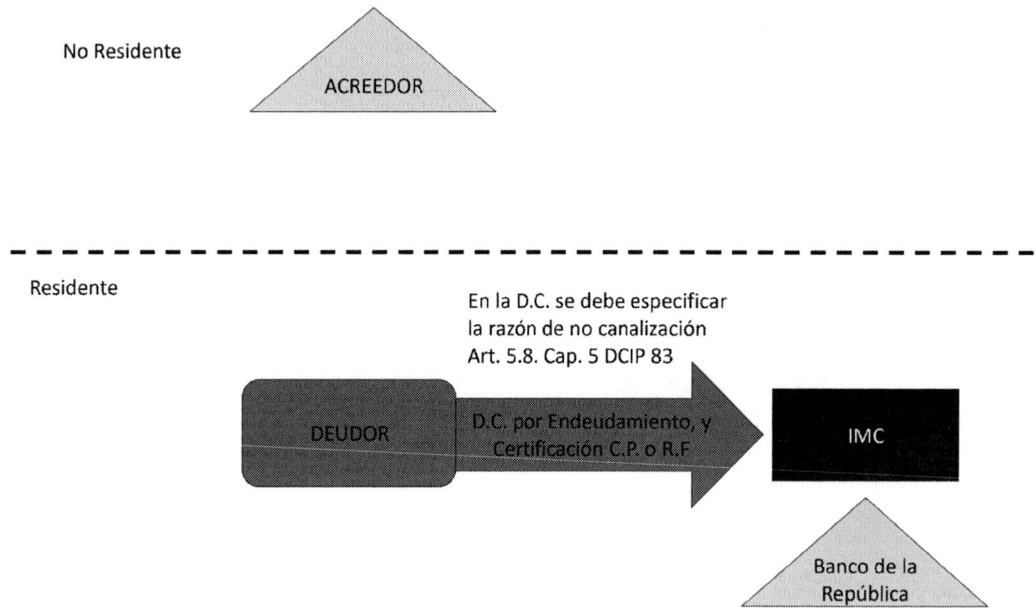

3.1.2. CRÉDITOS ACTIVOS

Este tipo de créditos son aquellos en los cuales el No Residente es la parte deudora, y el Residente o el IMC son los acreedores. Hay que empezar por decir que en estos asuntos no es necesario constituir el depósito del que trata el artículo 47 de la R.E. 01 de 2018, pues en este caso el inciso final del aparte 5.2.2. del capítulo 5 de la DCIP 81 estableció que los créditos activos no tendrán que cumplir con esta carga.

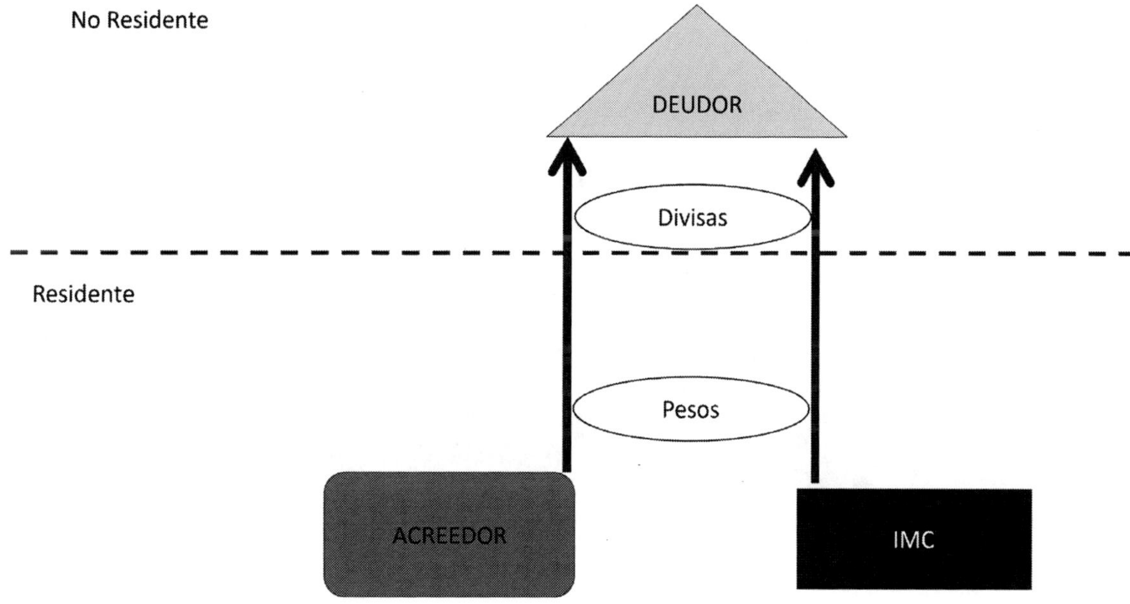

3.1.2.1. REGISTRO DEL ENDEUDAMIENTO ACTIVO Y DEL ACREEDOR

Si el crédito es otorgado en divisas por parte del Residente al No Residente, debe seguirse el procedimiento establecido en el aparte 5.2.2. de la DCIP 83, donde básicamente se consagra un procedimiento análogo al del endeudamiento pasivo; con la diferencia que el registro del endeudamiento se realiza con el "Informe de Crédito Externo Otorgado a no Residentes".

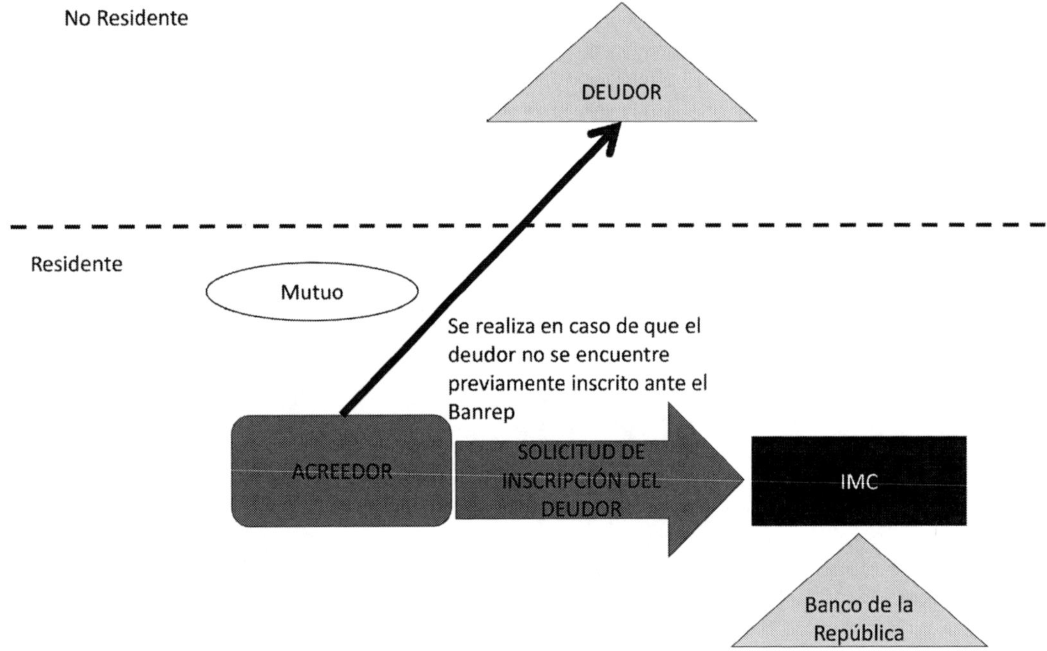

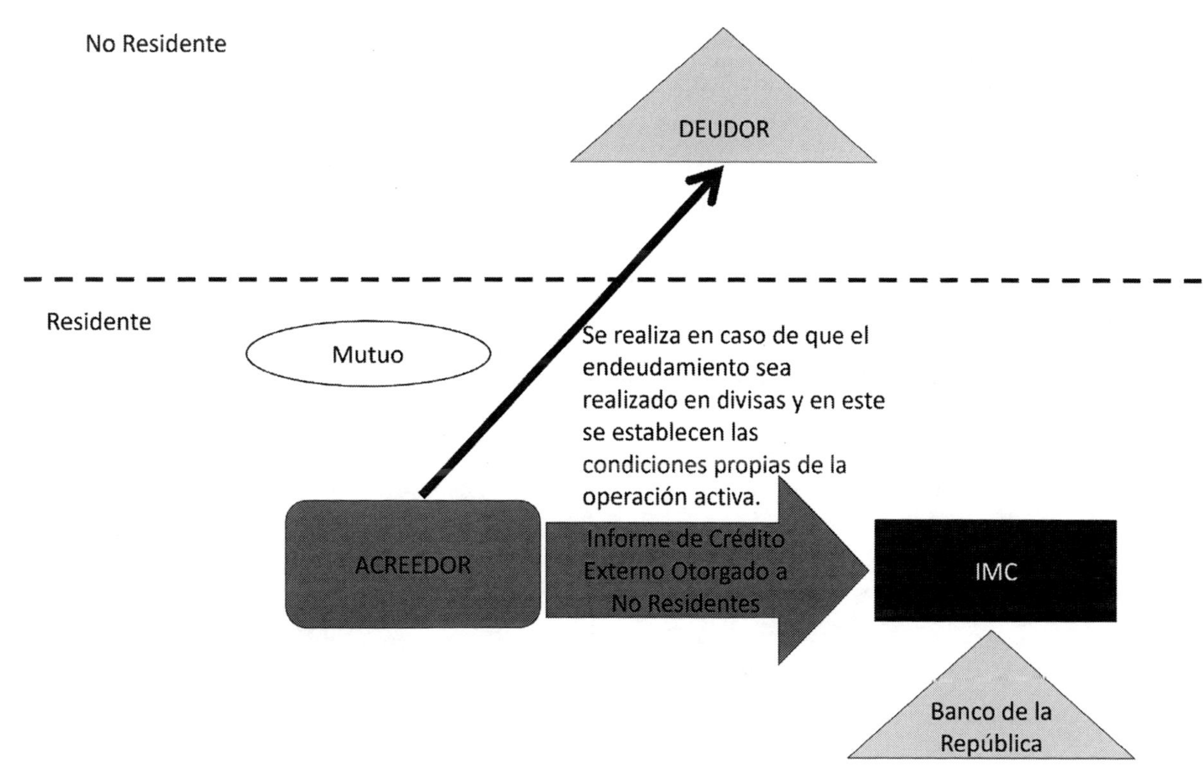
No Residente
DEUDOR
Residente
Mutuo
Se realiza en caso de que el endeudamiento sea realizado en divisas y en este se establecen las condiciones propias de la operación activa.
ACREEDOR
Informe de Crédito Externo Otorgado a No Residentes
IMC
Banco de la República

3.1.2.2. DESEMBOLSO DEL ENDEUDAMIENTO ACTIVO EN DIVISAS.

Una vez efectuado el registro del endeudamiento activo, es necesario efectuar el desembolso, en cuyo caso el residente deberá presentar la declaración de cambios a su IMC.

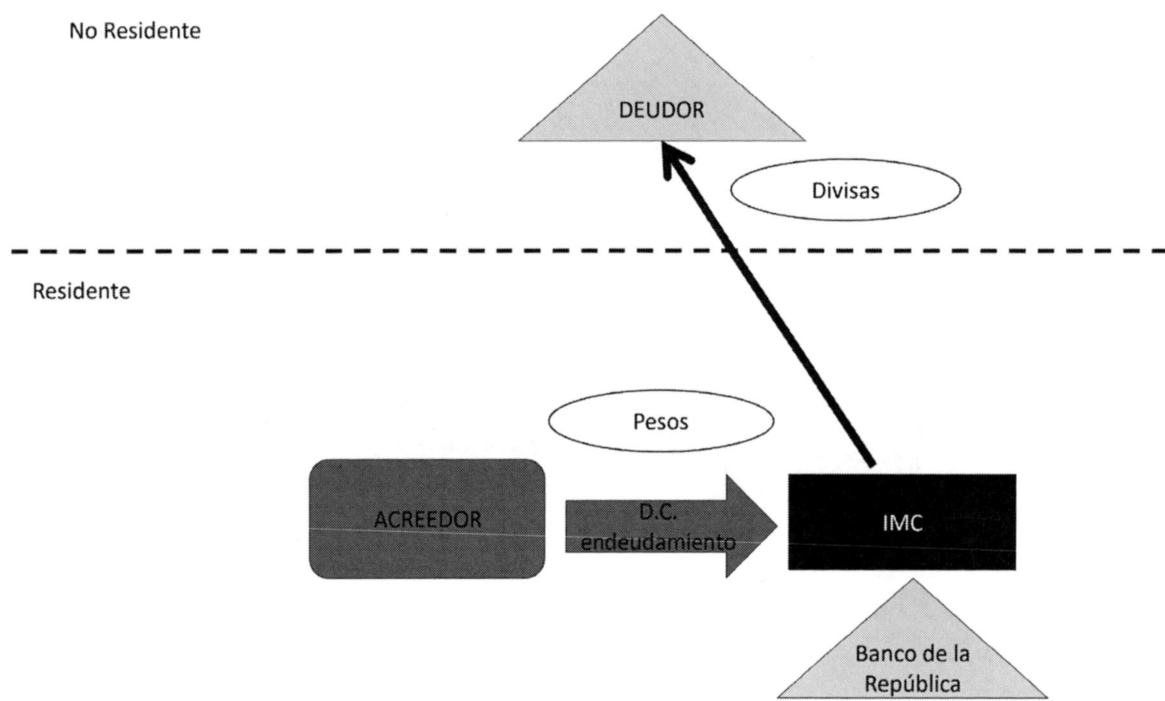

3.1.2.3. DESEMBOLSO DEL ENDEUDAMIENTO ACTIVO EN MONEDA LEGAL

En consonancia con el artículo 5.2.6. del capítulo 5 de la DCIP 83 en las operaciones de endeudamiento activo en las que un Residente realice el desembolso en pesos colombianos, no es necesario registrar la operación de endeudamiento, pero el desembolso solamente podrá ser realizado a una cuenta de uso exclusivo del No Residente.

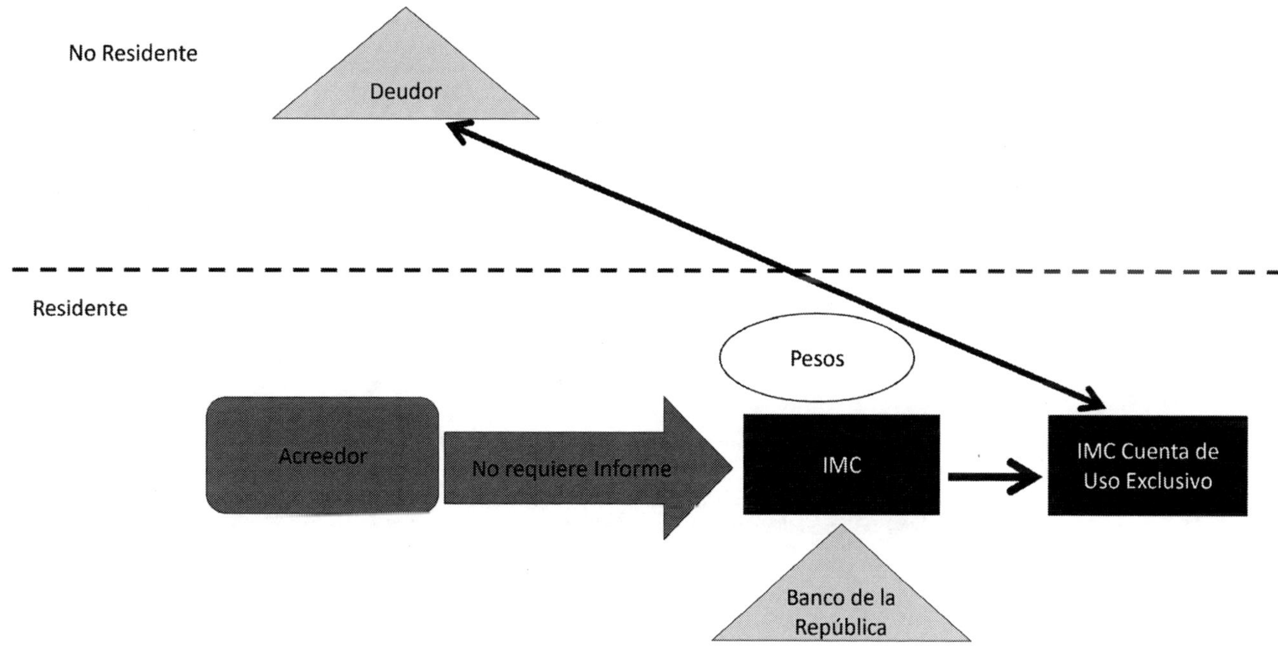

3.1.2.4. PAGO DEL ENDEUDAMIENTO ACTIVO EN DIVISAS.

El crédito puede ser pagado en divisas por parte del No Residente a su acreedor Residente, en cuyo caso tendrá que acudirse a un IMC para efectuar la monetización de los recursos y presentar la declaración de cambios correspondiente.

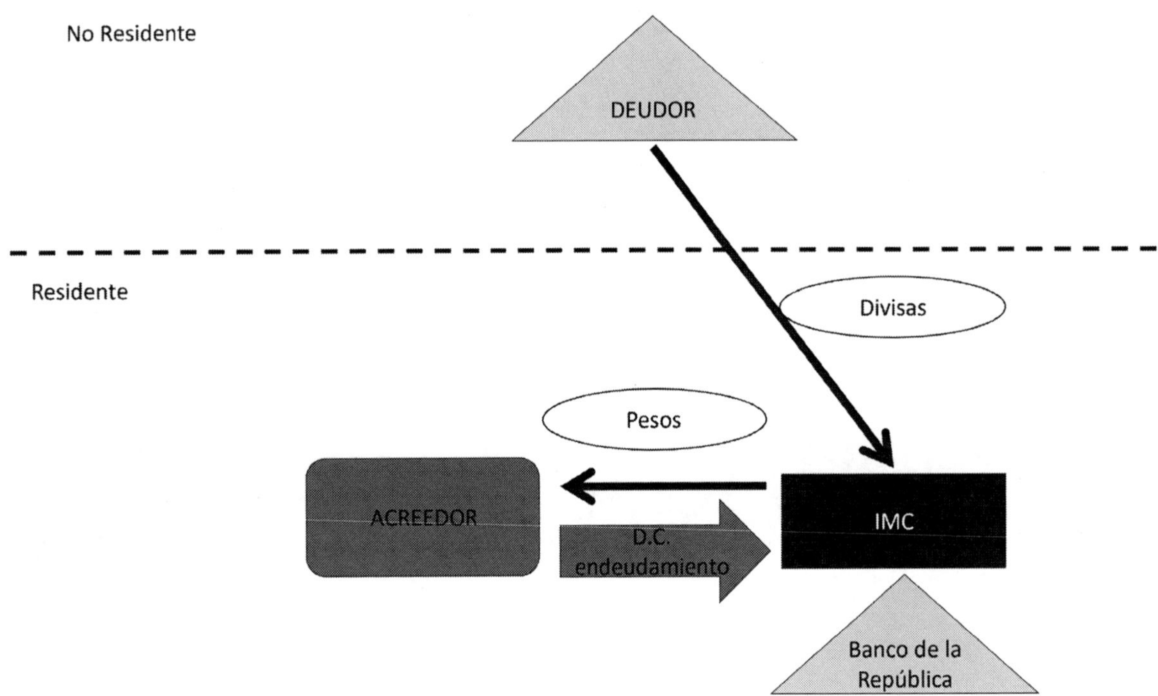

3.1.2.5. PAGO DEL ENDEUDAMIENTO ACTIVO EN MONEDA LEGAL

En este escenario se exige Declaración de Cambios, la cual deberá ser presentada dentro de los 15 días hábiles siguientes a su recepción, esto además de que el pago solamente puede provenir de una "cuenta de uso exclusivo" cuyo titular sea el deudor No Residente.

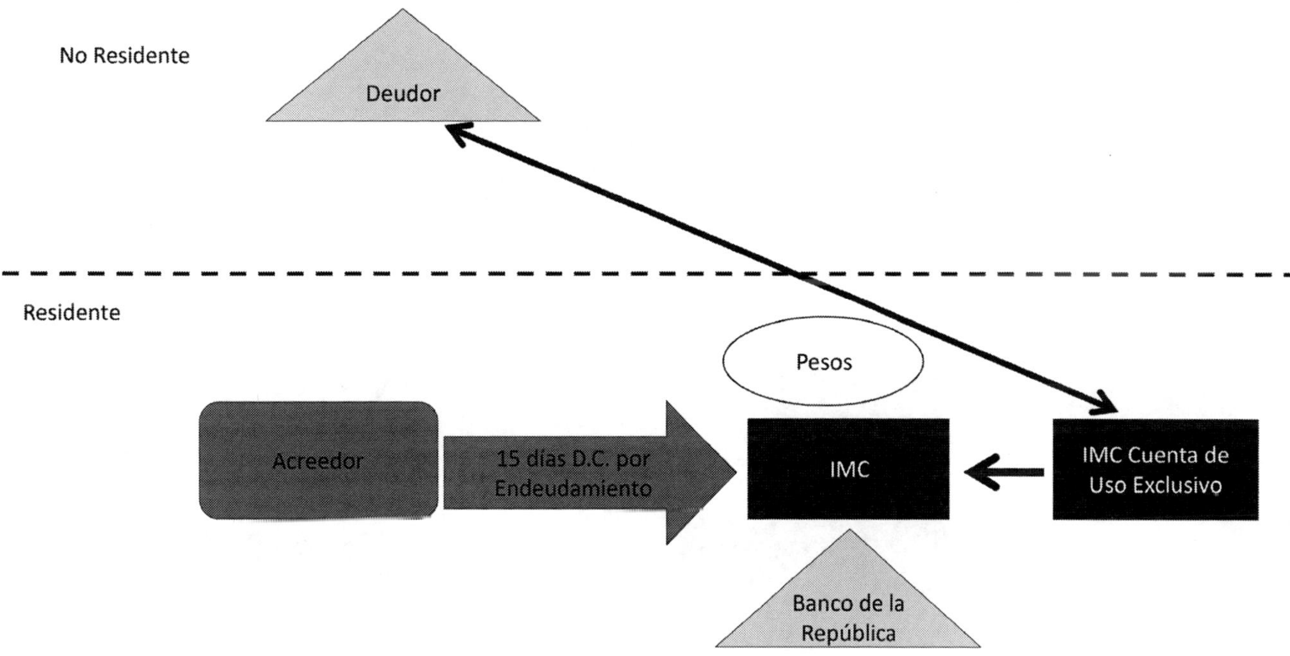

3.2. AVALES Y GARANTÍAS

Se trata obligaciones accesorias que pueden darse de dos formas:

1. Que un residente o un IMC otorgue un aval o garantía en divisas para respaldar una obligación de otro residente, de un IMC o de un no residente también en divisas o en moneda legal;

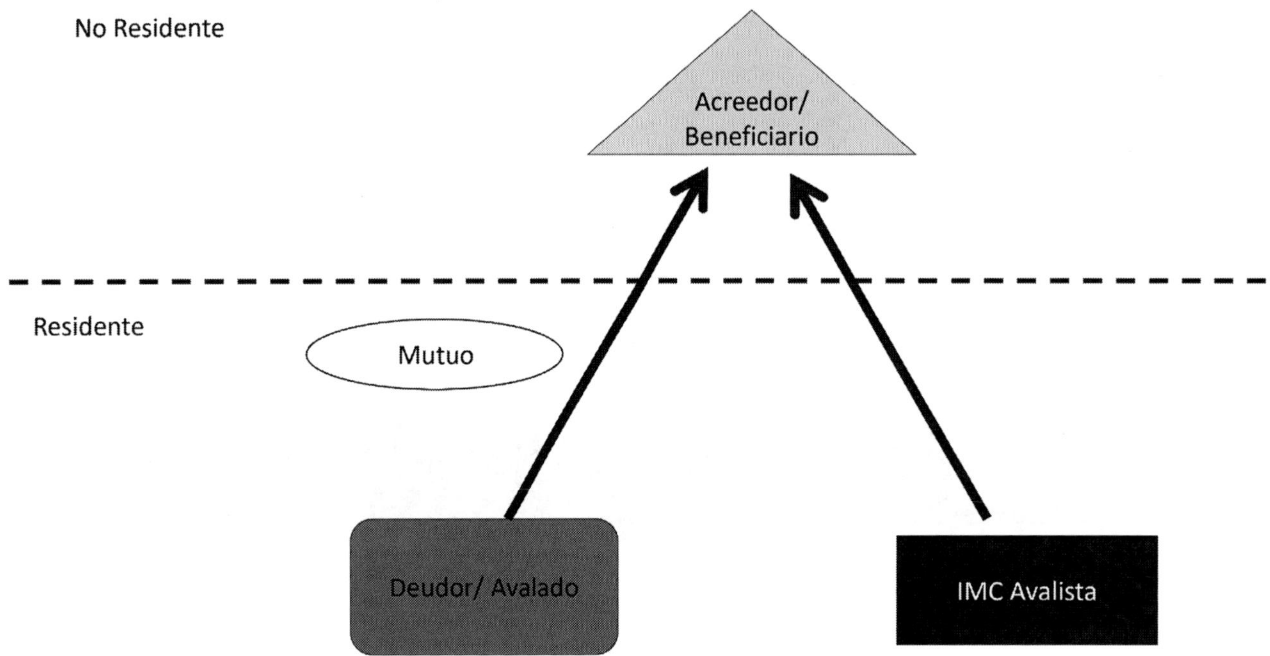

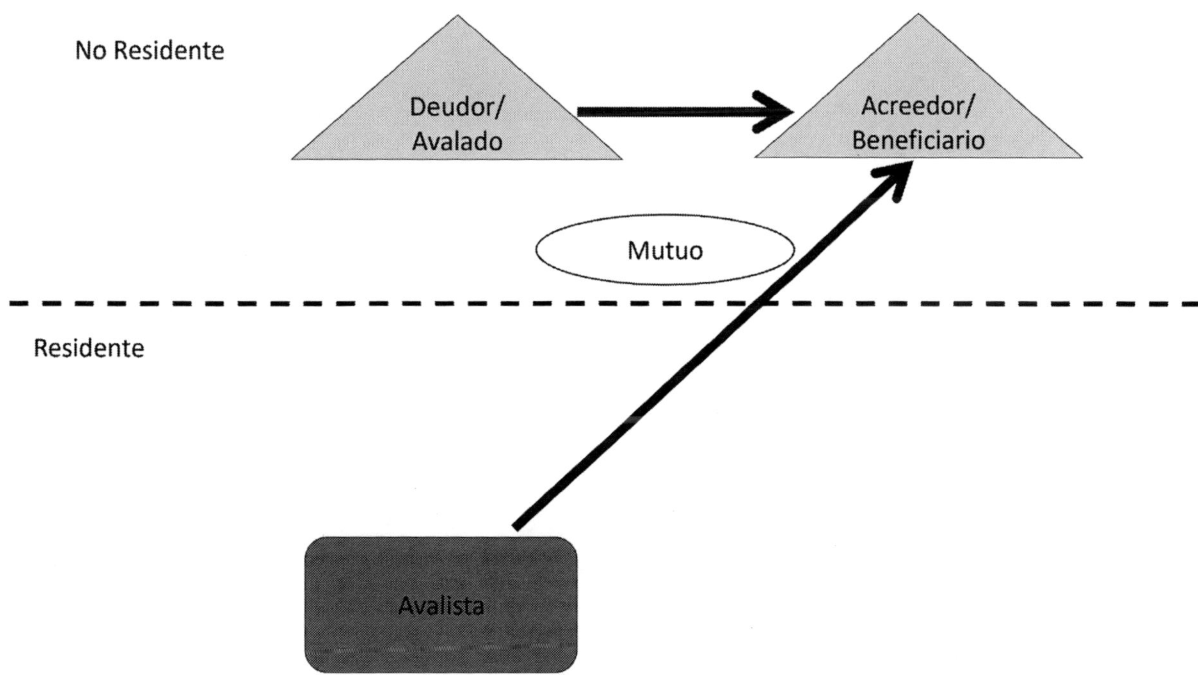
No Residente
Deudor/
Avalado
Acreedor/
Beneficiario
Mutuo
Residente
Avalista

2. Que un no residente avale o garantice el cumplimiento de una obligación en pesos o divisas de otro no residente, un residente o un IMC.

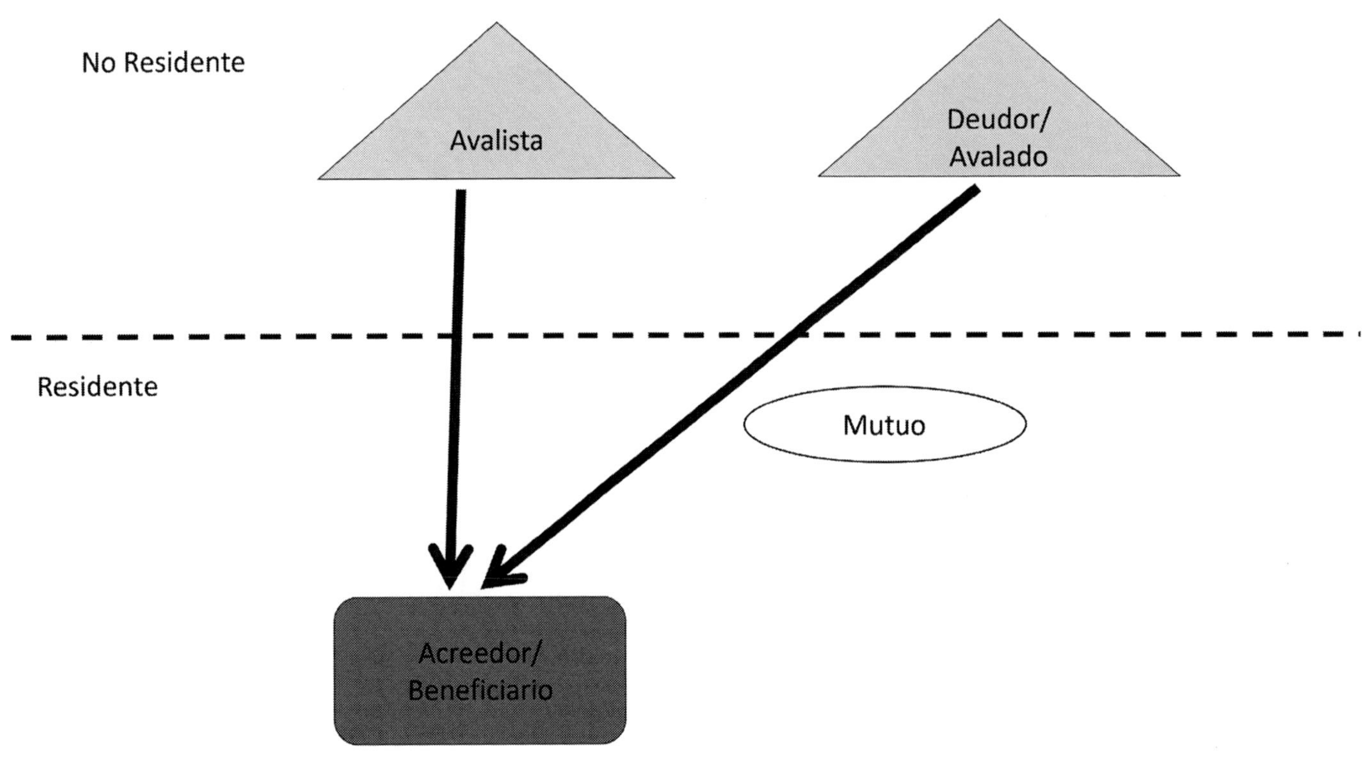

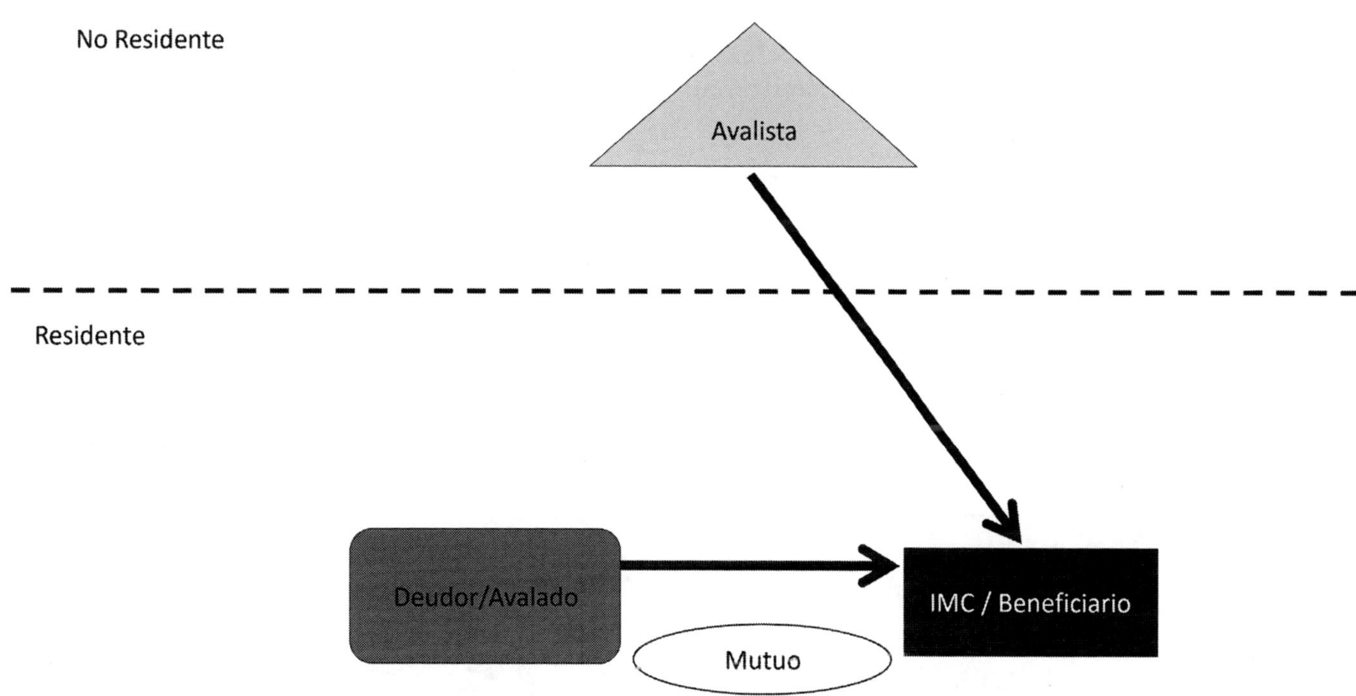
No Residente
Avalista
Residente
Deudor/Avalado
IMC / Beneficiario
Mutuo

3.2.1. REGISTRO DEL AVAL O GARANTÍA

Conforme al artículo 6.1 del Capítulo 6 de la DCIP 83, los avales o garantías otorgados por residentes y no residentes no requieren informe al BR; sin embargo, los que sean otorgados por parte de Intermediarios del Mercado Cambiario deberán informarse mediante el envío del Formulario "Informe de Avales y Garantías otorgados por los IMC".

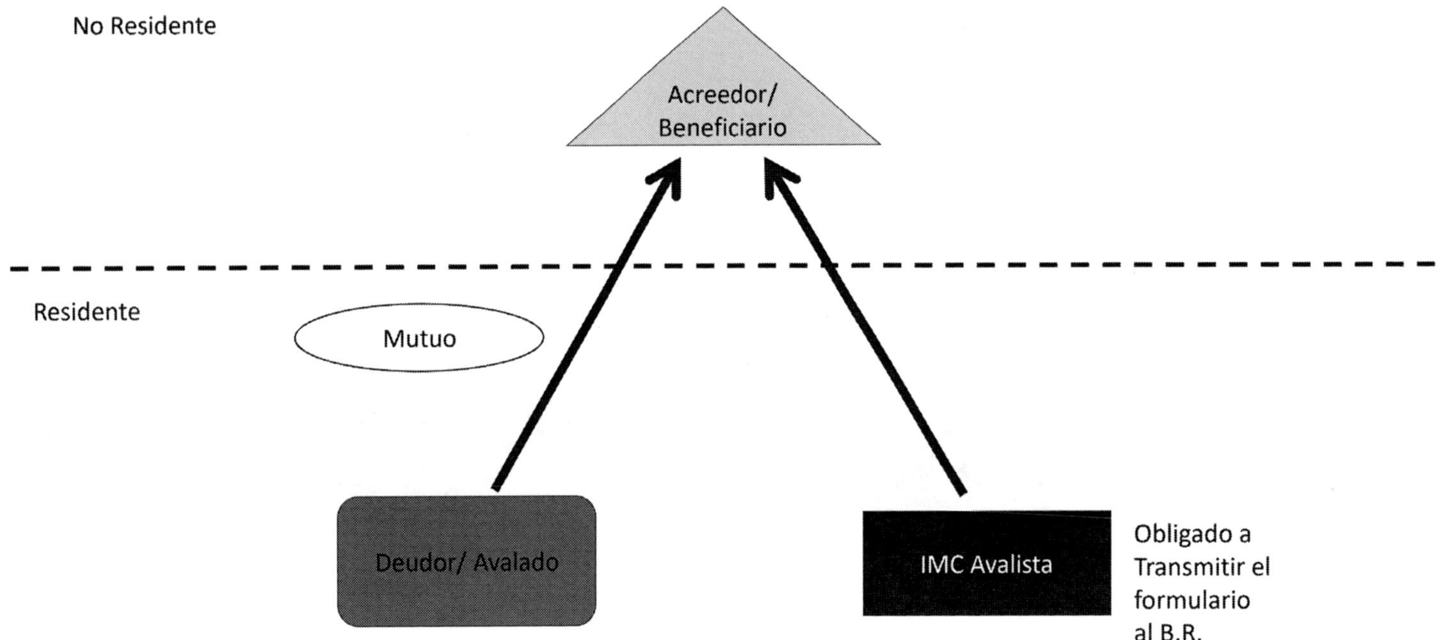

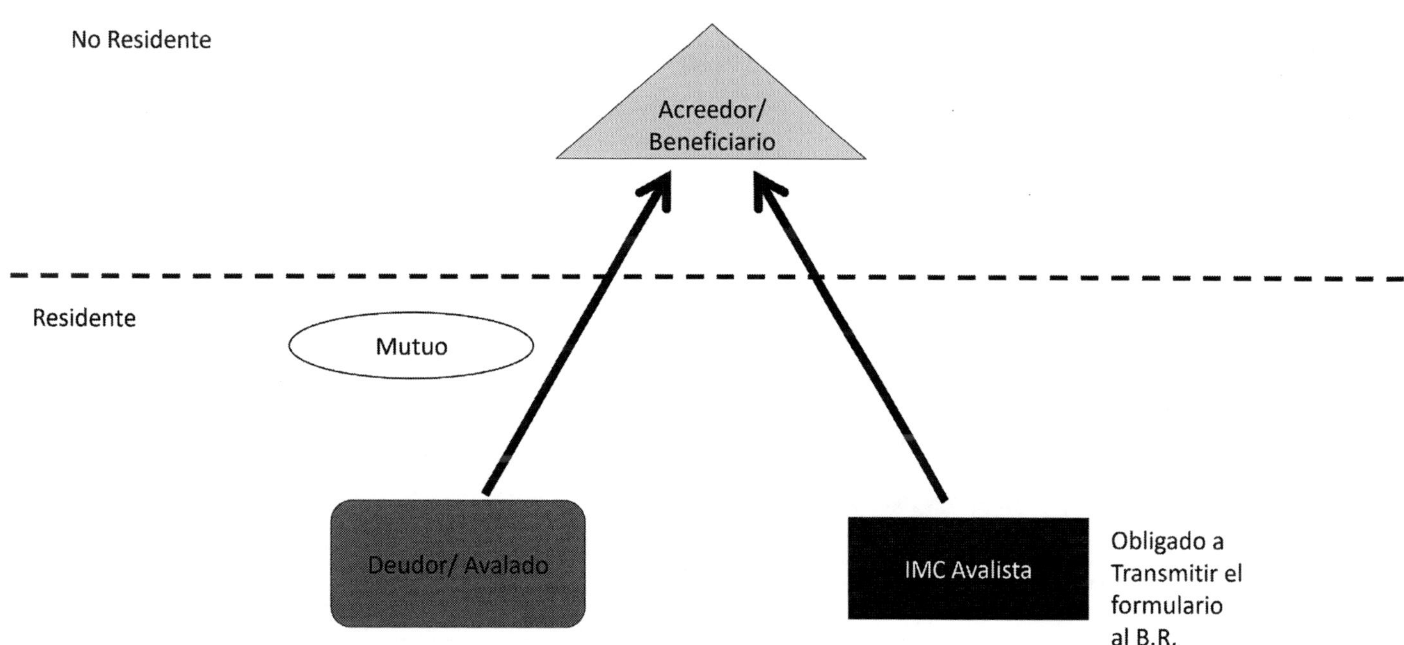
No Residente
Acreedor/
Beneficiario
Residente
Mutuo
Deudor/ Avalado
IMC Avalista
Obligado a
Transmitir el
formulario
al B.R.

3.2.1. EJECUCIÓN Y RESTITUCIÓN DEL AVAL O GARANTÍA

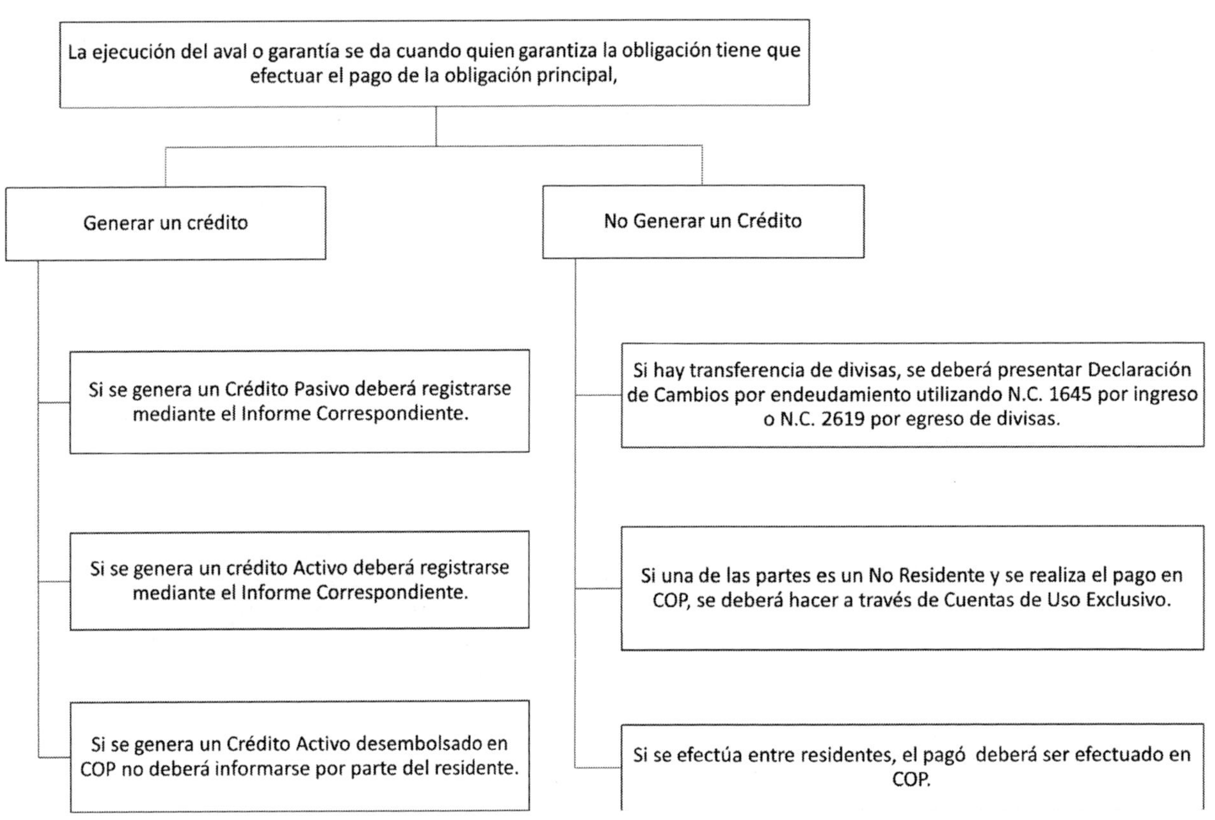

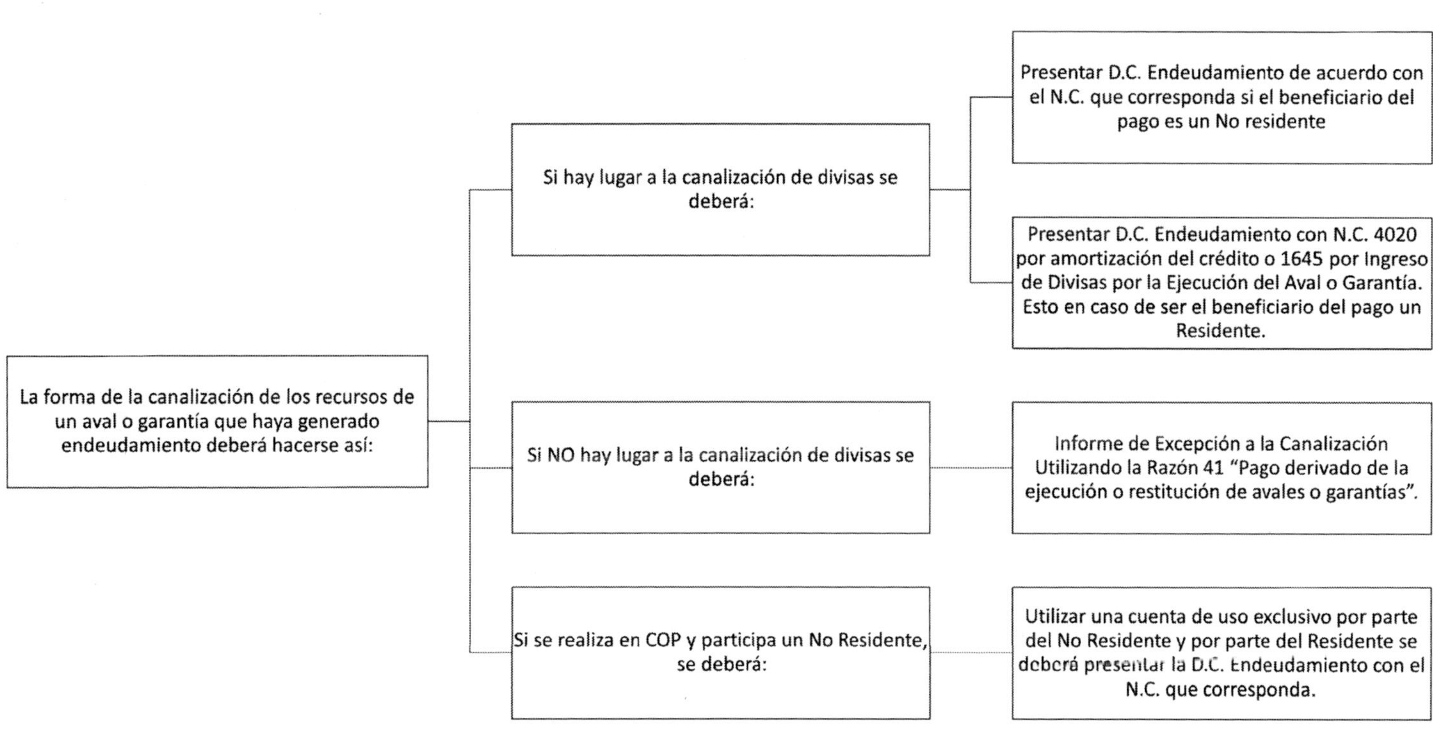

La forma de la canalización de los recursos de un aval o garantía que haya generado endeudamiento deberá hacerse así:
Si hay lugar a la canalización de divisas se deberá:
Presentar D.C. Endeudamiento de acuerdo con el N.C. que corresponda si el beneficiario del pago es un No residente
Presentar D.C. Endeudamiento con N.C. 4020 por amortización del crédito o 1645 por Ingreso de Divisas por la Ejecución del Aval o Garantía. Esto en caso de ser el beneficiario del pago un Residente.
Si NO hay lugar a la canalización de divisas se deberá:
Informe de Excepción a la Canalización Utilizando la Razón 41 "Pago derivado de la ejecución o restitución de avales o garantías".
Si se realiza en COP y participa un No Residente, se deberá:
Utilizar una cuenta de uso exclusivo por parte del No Residente y por parte del Residente se deberá presentar la D.C. Endeudamiento con el N.C. que corresponda.

4. INVERSIÓN EXTRANJERA

DUDAS FRECUENTES RESPECTO A LAS INVERSIONES INTERNACIONALES	
PREGUNTA	**RESPUESTA**
¿Qué tipo de inversiones hay?	De forma general se puede afirmar que existen dos grandes grupos de inversiones: 1. Inversiones en Colombia realizadas por No Residentes en el país (inversiones entrantes). 2. Inversiones realizadas fuera de Colombia por Residentes en el país (inversiones salientes). Ambas operaciones hacen parte del Mercado Cambiario. y a su vez, estos dos grandes grupos se pueden subdividir a su vez en inversiones directas e inversiones en portafolio.
¿Quién debe hacer el registro?	Las inversiones internacionales se deberán registrar en el BANREP por los inversionistas, sus apoderados o los representantes legales de las empresas receptoras de su inversión, según corresponda, conforme a los procedimientos establecidos en el capítulo 7 de la DCIP 83.
¿Quién puede ser apoderado de un inversionista?	1. A quien el inversionista nombre de conformidad con el art. 2.17.2.2.2.3. Dec. 1068 de 2015. 2. El representante legal de la empresa receptora de su inversión conforme a lo previsto en el artículo 2.17.2.5.1.1 del Decreto 1068/2015. 3.En el caso de la inversión en portafolio, el administrador será la sociedad Comisionista de Bolsa, sociedad fiduciaria o la Sociedad Administradora de Inversión, según corresponda; entidad administradora que además es apoderada del no residente y tiene que velar por el cumplimiento de las obligaciones tributarias, cambiarias, de suministro de información, y las demás que sean señaladas por las entidades competentes (Artículo 2.17.2.2.2.3. Decreto 1068 de 2015.
¿Cómo se realiza el registro?	El registro de las inversiones internacionales se efectuará con la presentación de la declaración de registro en debida forma, según los requisitos señalados en el Decreto 1068/2015 y en la DCIP 83. **Tratándose de inversiones internacionales efectuadas en divisas, la declaración de cambio correspondiente a su canalización a través del mercado cambiario hará las veces de declaración de registro.**

DUDAS FRECUENTES RESPECTO A LAS INVERSIONES INTERNACIONALES	
PREGUNTA	**RESPUESTA**
¿Ante quien se pueden realizar registros, cancelaciones y sustituciones da las inversiones?	Salvo inversión realizada en divisas, en cuyo caso el registro se realiza con la Declaración de Cambios; es posible realizar cancelaciones, sustituciones y registros a través del Nuevo Sistema de Información Cambiaria, dispuesta para estos efectos por parte del Banco de la República.
¿Cómo se pueden canalizar los recursos asociados a una inversión?	Al tratarse de Operaciones del Mercado Cambiario, existen dos formas mediante las cuales se pueden canalizar en debida forma las divisas para los pagos por concepto de importaciones: 1. Efectuar la compra o venta de las divisas y presentar la D.C. ante un IMC. 2. Transferir las divisas por intermedio de una cuenta sometida al mecanismo de compensación (cuenta de compensación), además de la presentación del la D.C. si a ello hay lugar.
¿Cuál es la declaración de cambios que puede ser usada para estas operaciones?	En este caso debe ser presentada la Declaración de Cambios Información de datos mínimos de las operaciones de cambio por inversiones internacionales (antes Formulario No. 4) y esta sirve para declarar el ingreso o egreso de divisas.
¿Los rendimientos de las inversiones hacen parte del mercado cambiario?	Si, de esta forma tanto los dividendos o plusvalías derivadas de las participaciones de las inversiones, tanto entrantes como salientes, hacen parte de Mercado Cambiario, motivo por el cual deben ser canalizadas conforme a los lineamientos del BANREP.
¿Qué son los derechos cambiarios?	De conformidad con el art. 2.17.2.2.3.1. del Dec. 1068 de 2016, son derechos derivados de la debida capitalización de recursos y se pueden resumir de en los siguientes puntos: • Reinvertir utilidades con derecho a giro. • Capitalizar las sumas con derecho a giro, bien sea en la misma empresa o en otro bien o derecho. • Remitir al exterior las utilidades derivadas de las inversiones. • Remitir al exterior las sumas derivadas de la enajenación de las inversiones. Así las cosas si no son debidamente capitalizados los recursos, no se podría hacer uso de estos derechos.

4.1.INVERSIÓN DE CAPITAL DEL EXTERIOR EN COLOMBIA.

Es aquella mediante la cual un No Residente en Colombia realiza inversiones en diferentes tipos de activos en el territorio colombiano. Esta inversión puede realizarse en todos los sectores de la economía, con excepción a: a) Actividades de defensa y seguridad nacional y, b) Procesamiento, disposición y desecho de basuras tóxicas, peligrosas o radiactivas no producidas en el país; de conformidad con el artículo 6° del Decreto 2080 de 2000.

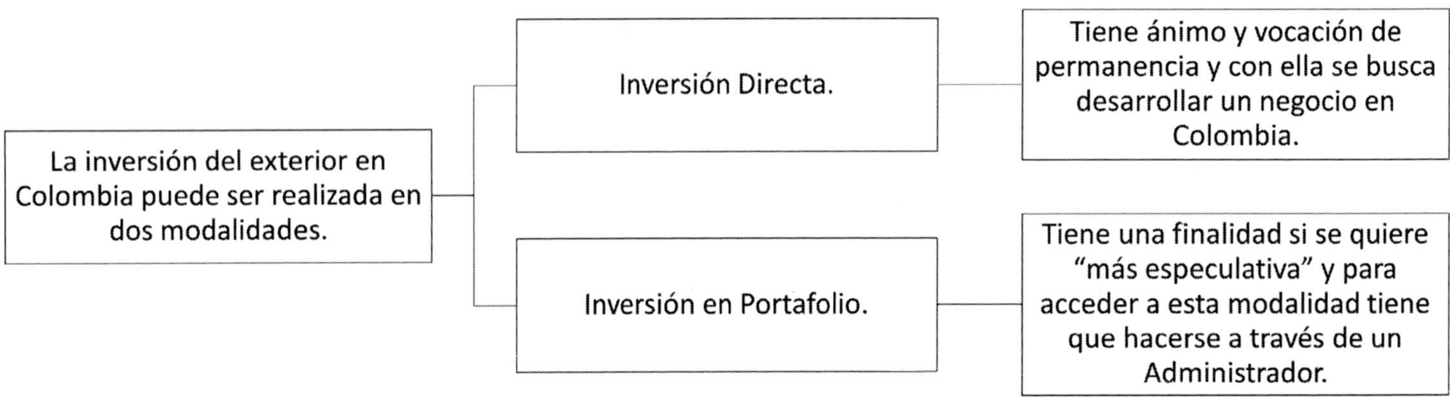

4.1.1. INVERSIÓN DIRECTA

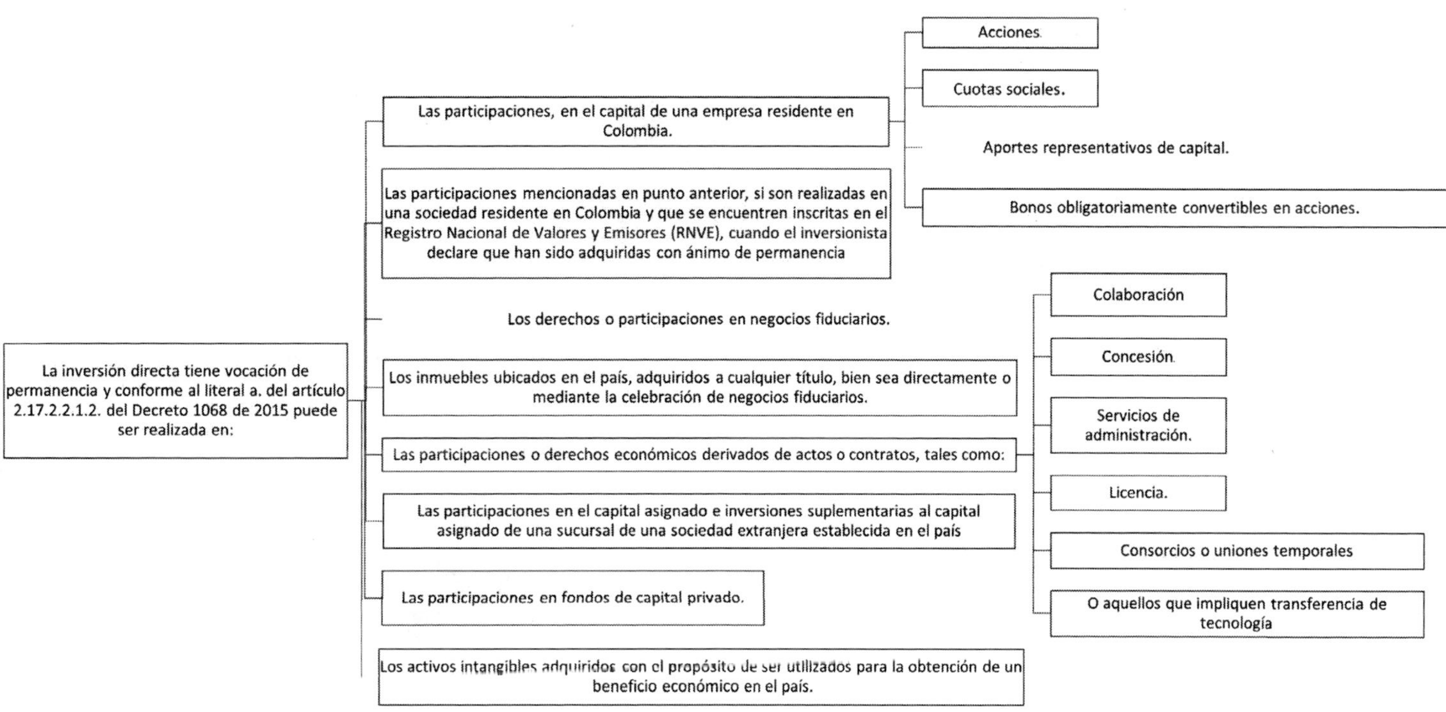

4.1.1. INVERSIÓN REALIZADA EN DIVISAS

En el caso de aporte de capital a una sociedad ya constituida.

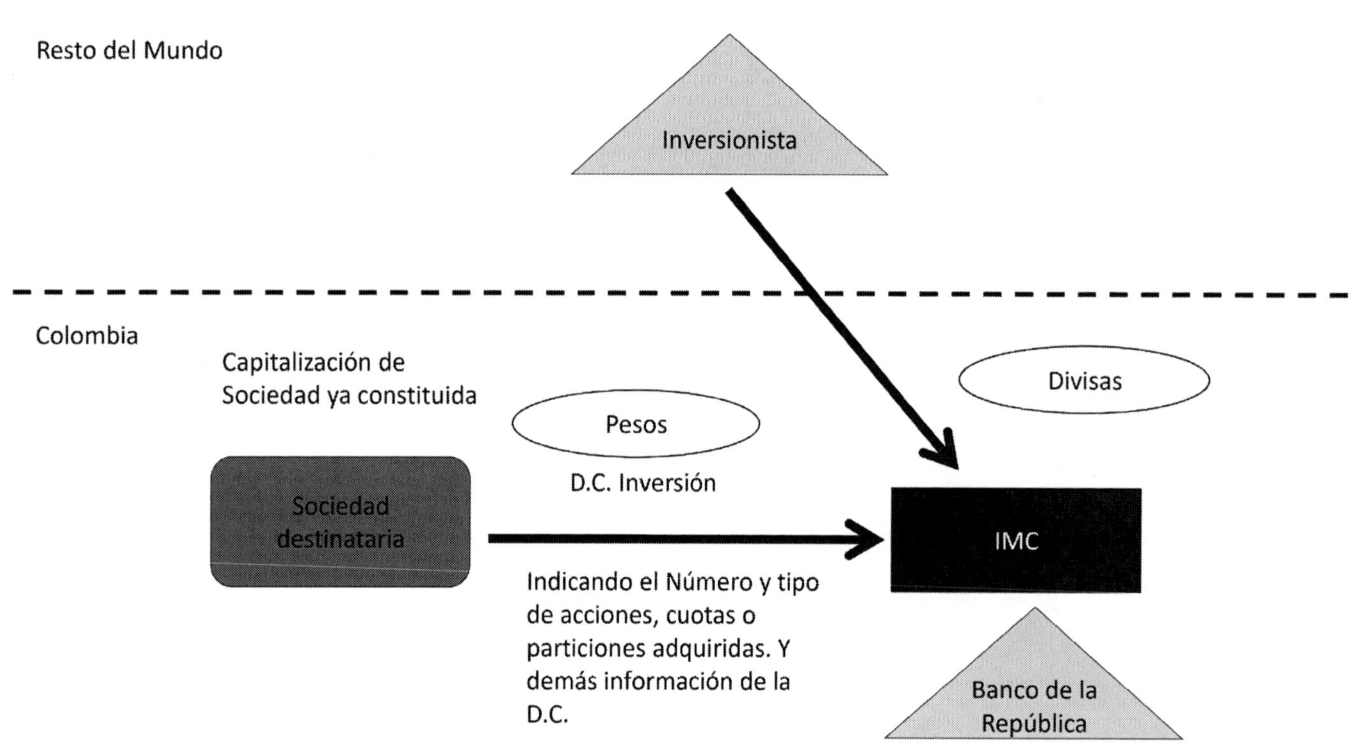

Si la sociedad se encuentra en Constitución, hay que presentar Información de datos mínimos de las operaciones de cambio por inversiones internacionales (Declaración de Cambios) con espacios en blanco y posteriormente realizar la modificación de le Declaración de Cambios inicial. Esto se debe hacer por parte del inversionista o su apoderado.

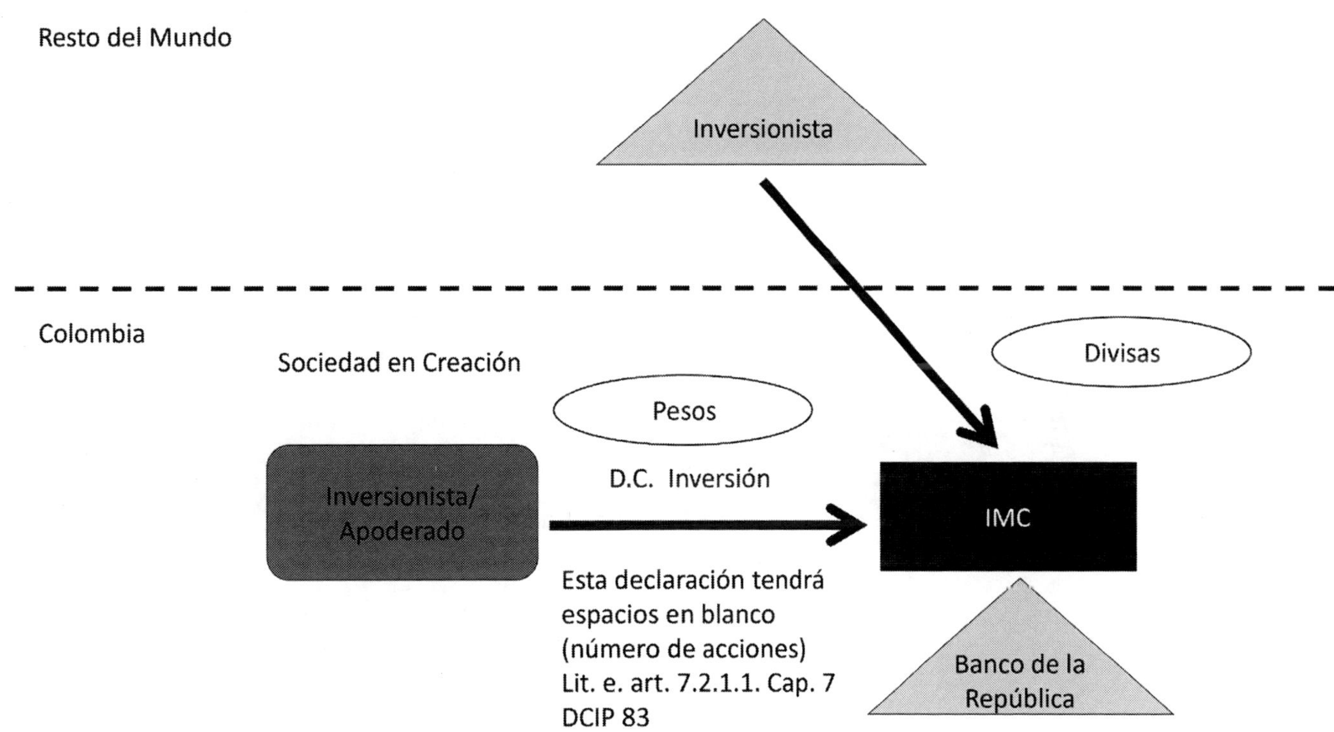

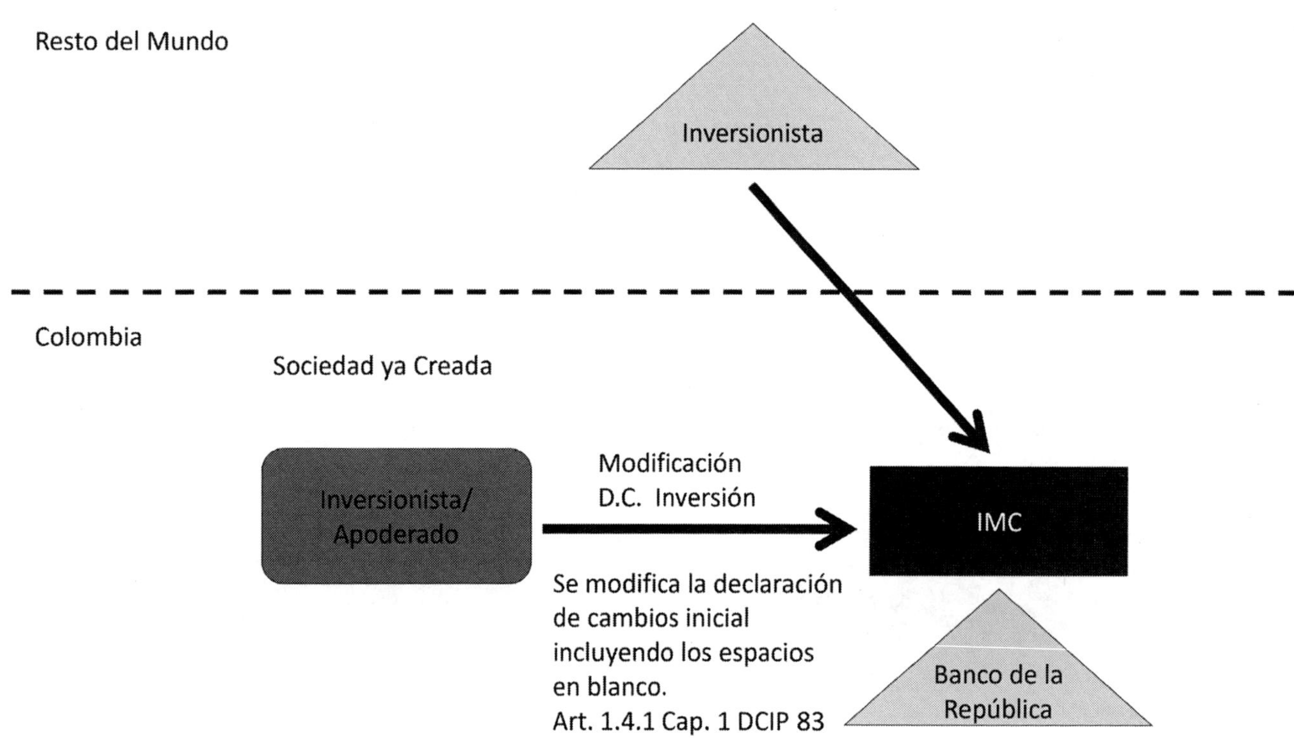
Resto del Mundo
Inversionista
Colombia
Sociedad ya Creada
Inversionista/
Apoderado
Modificación
D.C. Inversión
IMC
Se modifica la declaración
de cambios inicial
incluyendo los espacios
en blanco.
Art. 1.4.1 Cap. 1 DCIP 83
Banco de la
República

4.1.1.2. INVERSIÓN SIN CANALIZACIÓN DE DIVISAS

En el caso de aportes diferentes a canalización de divisas, por ejemplo, el aporte de un intangible se podrá realizar la "Declaración de Registro de Inversiones Internacionales" a través del Sistema de Información Cambiaria (SIC). Aquí a diferencia de las otras situaciones analizadas, el inversionista o el representante legal de la sociedad receptora de la inversión, tendrá contacto directo con el Banrep a través de la plataforma, pudiéndose hacer este registro en cualquier tiempo de conformidad con el art. 7.2.1.2. del Capítulo 7 de la DCIP 83.

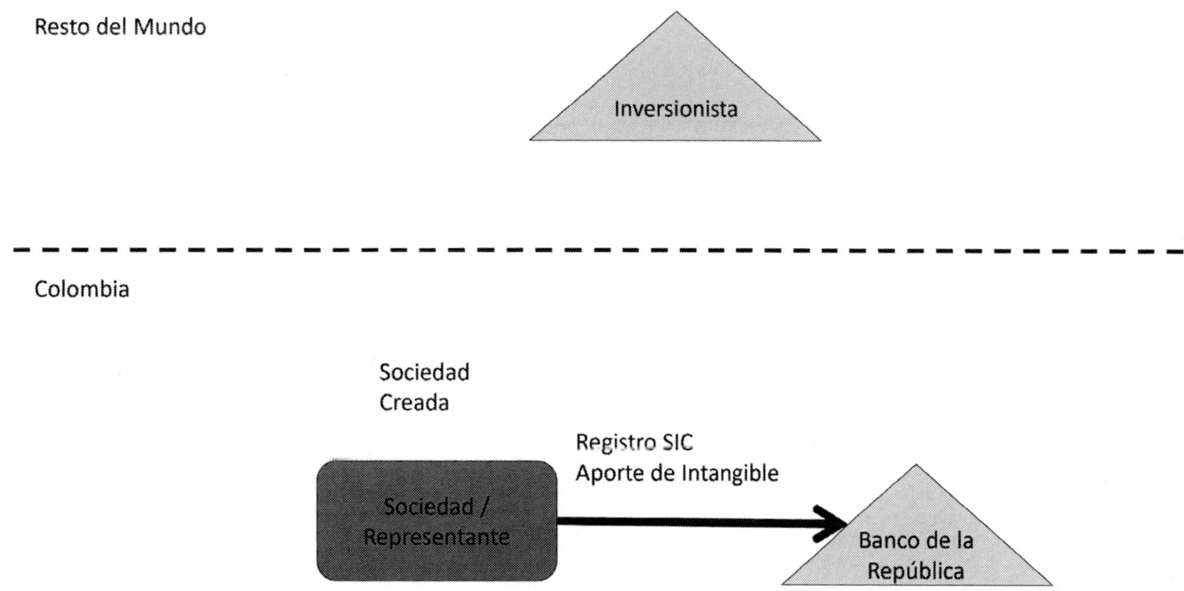

4.1.1.3. ANTICIPOS PARA FUTURAS CAPITALIZACIONES

En este escenario tenemos dos momentos, el primero en el que se registra la operación como endeudamiento.

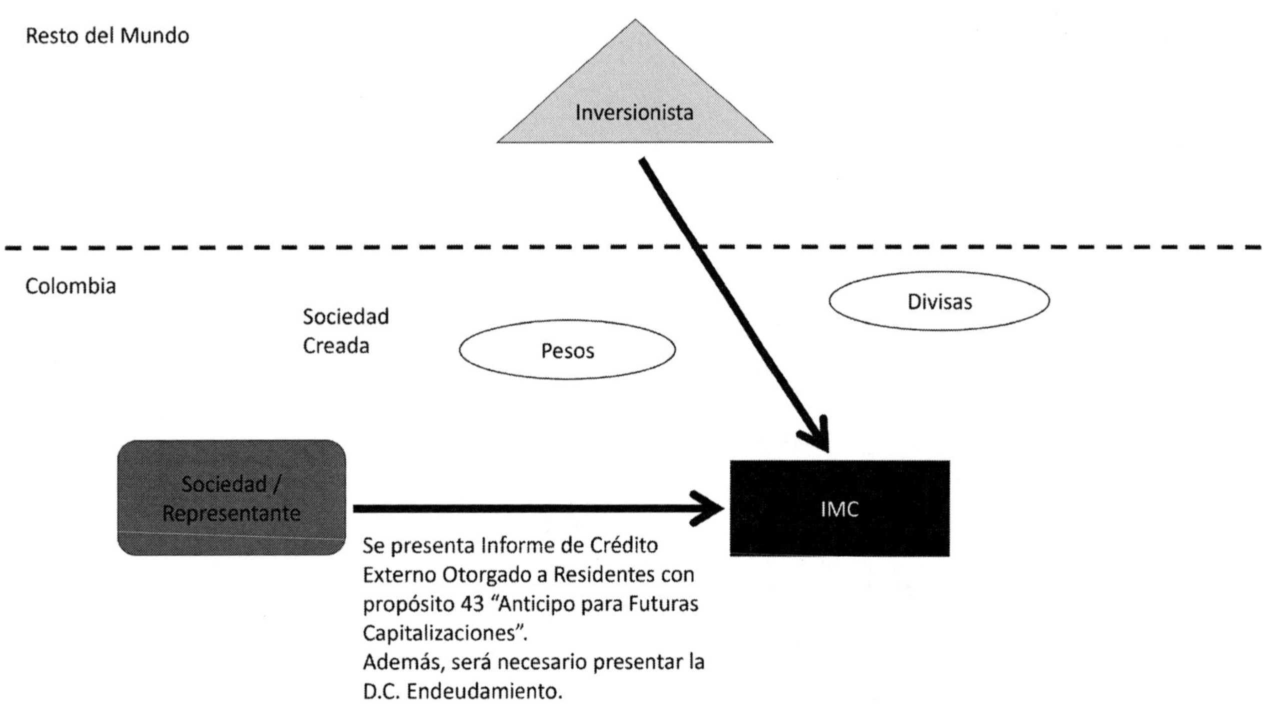

Y el segundo en el que se registra la capitalización de los recursos mediante la "Declaración de Registro de Inversiones Internacionales" a través del SIC.

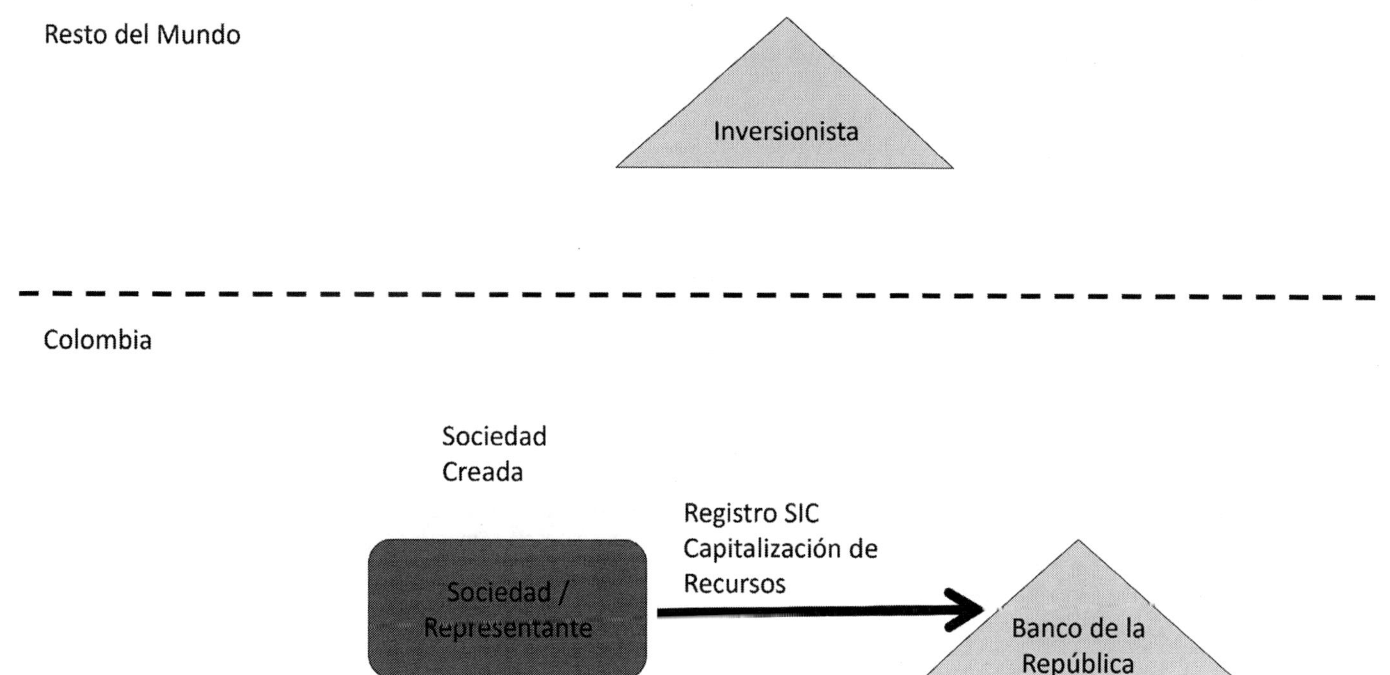

4.1.1.4. REORGANIZACIÓN EMPRESARIAL

En el caso de Fusiones o Escisiones que versen sobre la sociedad receptora de capital, se deberán registrar en cualquier tiempo por los inversionistas, sus apoderados o representantes legales de las empresas receptoras de su inversión; la "Declaración de Registro de Inversiones Internacionales" a través del Sistema de Información Cambiaria.

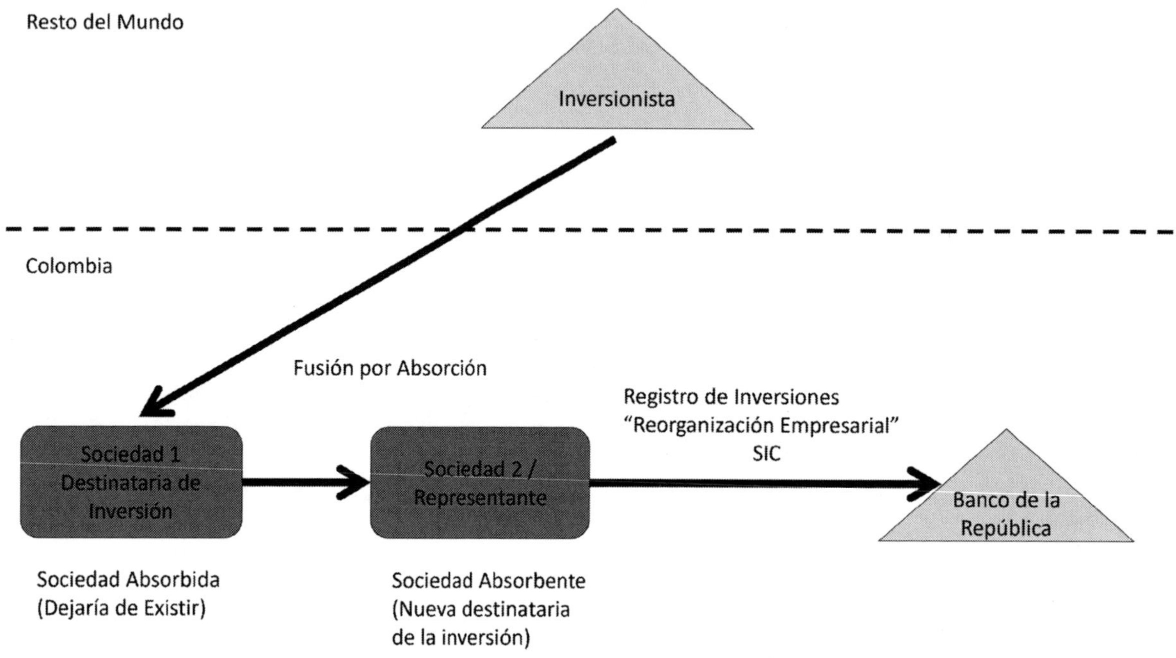

4.11.5. GIRO DE DIVIDENDOS

Esta es una operación de egreso de divisas, lo que implica negociación de ellas ante un IMC y presentación de la Información de datos mínimos para operaciones de cambio por endeudamiento externo (Declaración de Cambios).

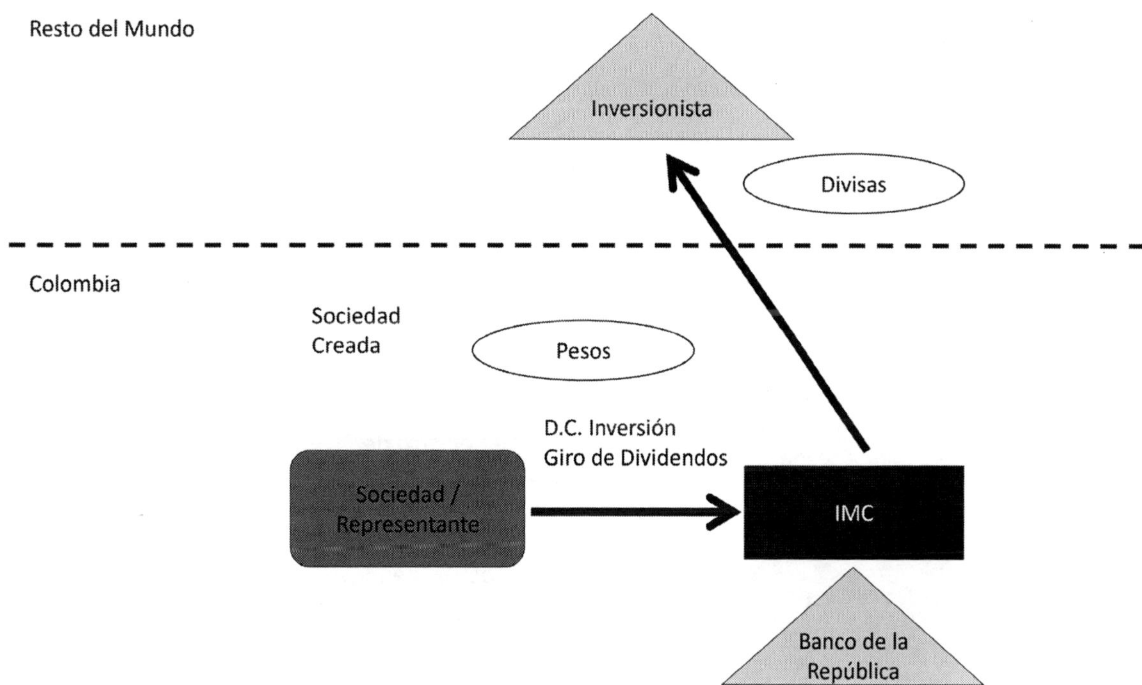

4.1.1.6. USO DE LOS DERECHOS CAMBIARIOS EN EL PAÍS

El inversionista No Residente en Colombia podrá hacer uso de estos derechos, en este escenario deberá registrar su nueva inversión, bien sea él, su apoderado o el representante legal de la sociedad destinataria de la inversión. Este registro podrá ser realizado en cualquier momento de acuerdo con el artículo 7.2.1.2 del capítulo 7 de la DCIP 83:

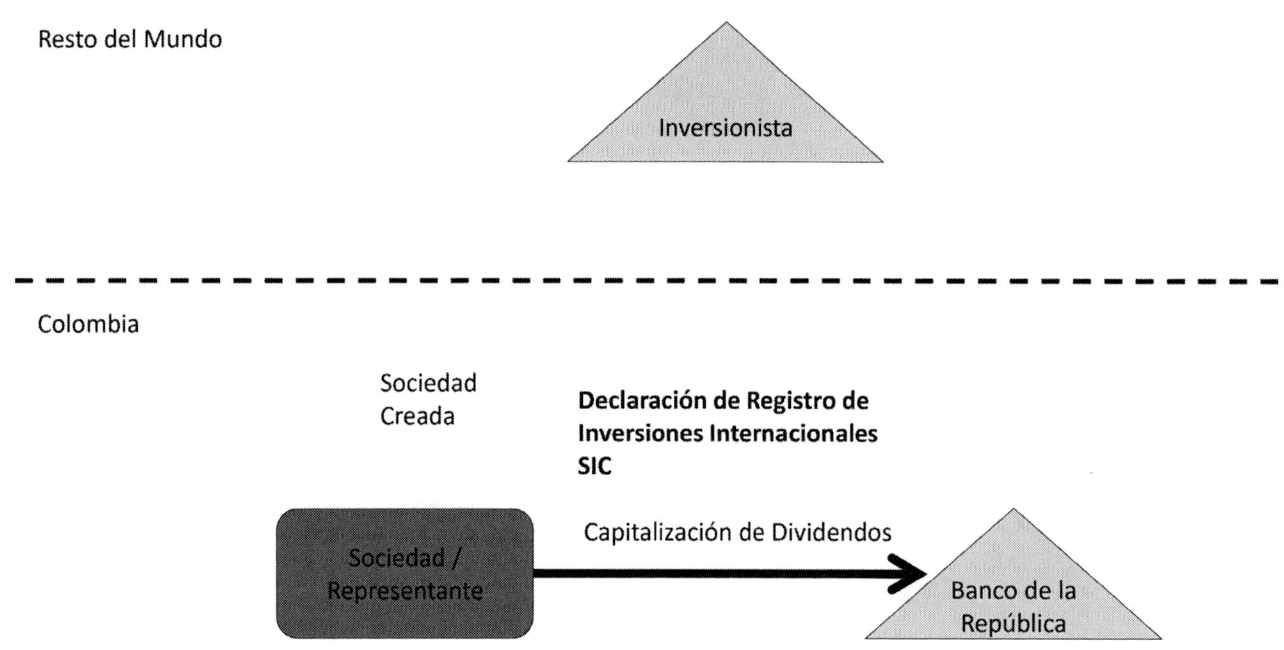

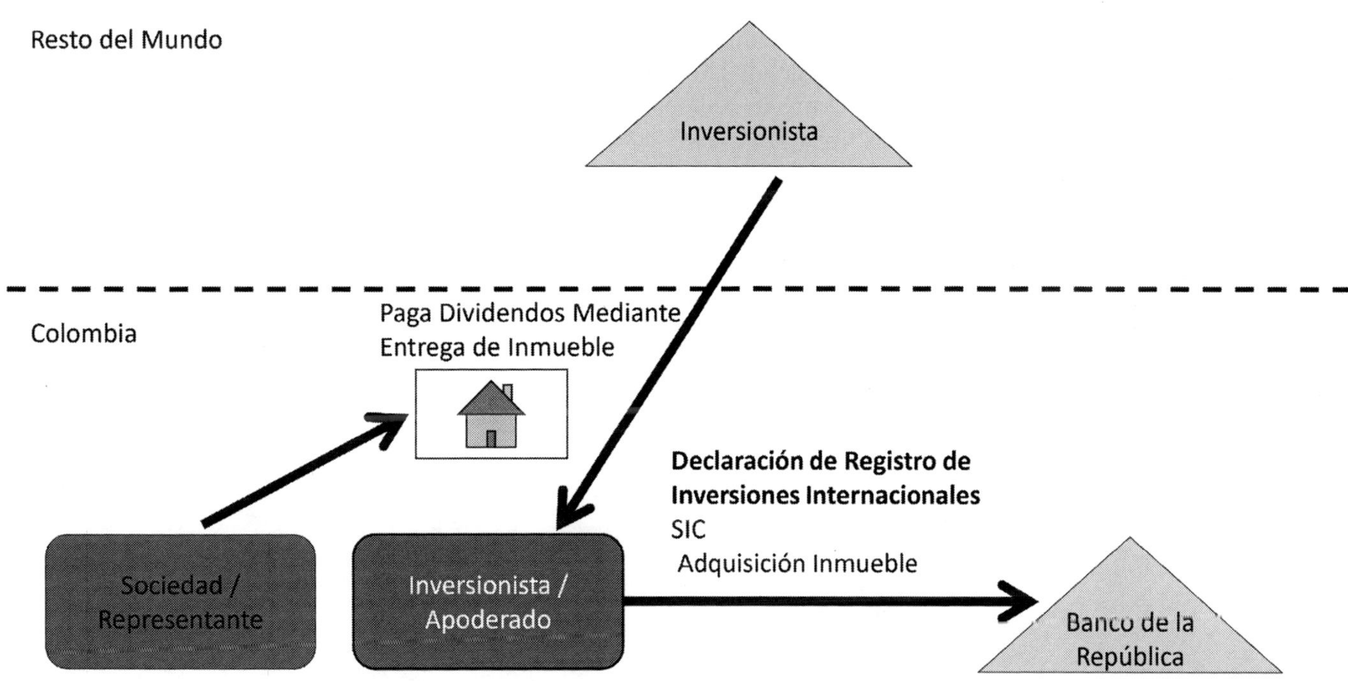
Resto del Mundo
Inversionista
Colombia
Paga Dividendos Mediante
Entrega de Inmueble
Declaración de Registro de
Inversiones Internacionales
SIC
Adquisición Inmueble
Sociedad /
Representante
Inversionista /
Apoderado
Banco de la
República

4.1.1.7. CANCELACIÓN DE LAS INVERSIONES

Pese a que en la inversión directa se suele hablar de un ánimo de permanencia, esto no impide que el inversionista extranjero deje de tener esta calidad, esto puede ocurrir por ejemplo cuando le enajena sus inversiones aun Residente, caso en el que el inversionista, su apoderado o el Representante Legal de la destinataria de la inversión deberá presentar la "Declaración de Cancelación de Inversiones Internacionales" directamente ante el Banco de la República dentro de los 6 meses siguientes a la ocurrencia del hecho.

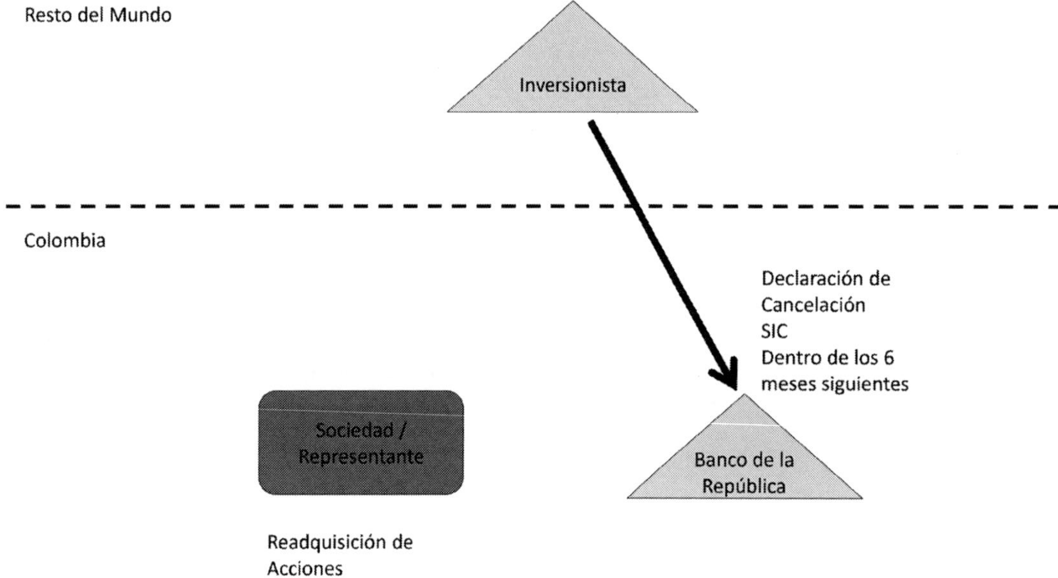

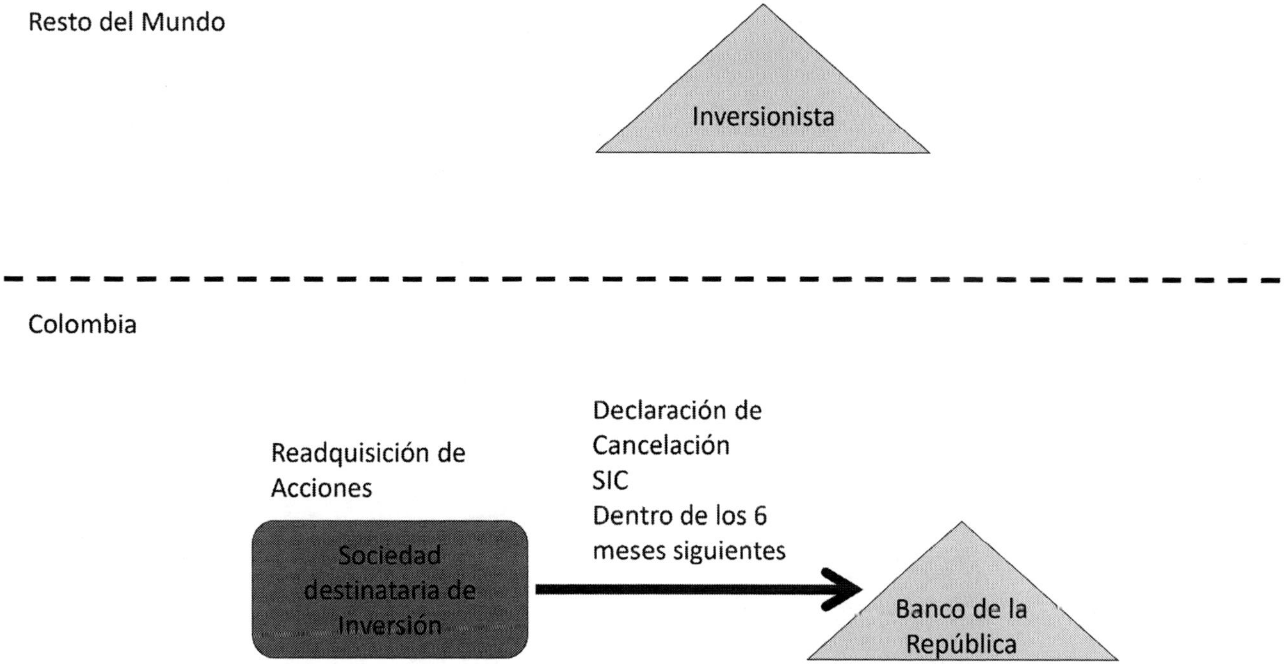

Resto del Mundo

Inversionista

Colombia

Readquisición de Acciones

Sociedad destinataria de Inversión

Declaración de Cancelación SIC Dentro de los 6 meses siguientes

Banco de la República

Otra de las situaciones que pueden dar lugar a la cancelación de la inversión es el cambio de residencia por parte de inversionista, de forma que pase a ser residente para efectos cambiarios. En este escenario se deberá presentar por el inversionista, su apoderado o el Representante Legal de la destinataria una solicitud especial a través de los canales de Atención a la ciudadanía, directamente ante el Banrep como consta en el literal d. del artículo 7.1. de la DCIP 83.

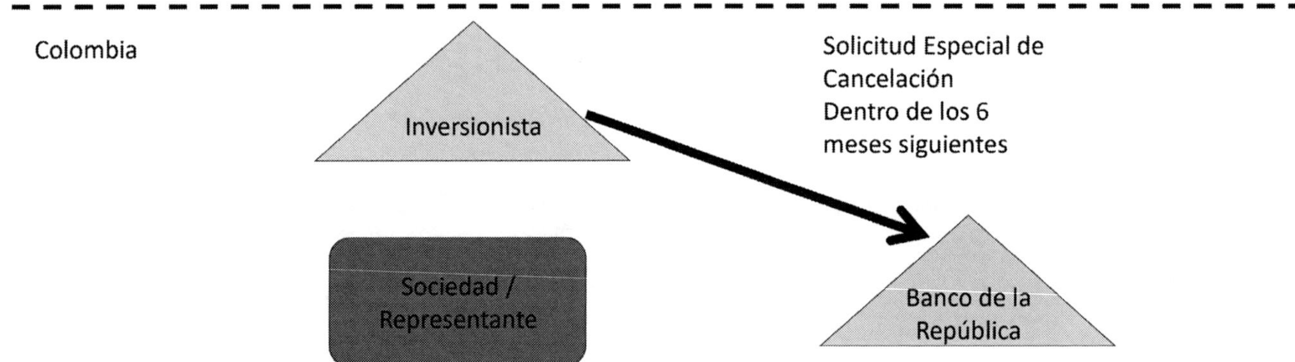

4.1.1.8. SUSTITUCIÓN DE LA INVERSIONES

En el caso de que existan enajenaciones, bien sea totales o parciales de las inversiones registradas por parte de no residentes a otros no residentes, se dará lugar a la sustitución de la inversión, caso en el que se deberá informar dicha situación por parte del cedente o cesionario y la inscripción por parte del adquirente. Procedimiento que debe ser adelantado a través del Sistema de Información Cambiaria.

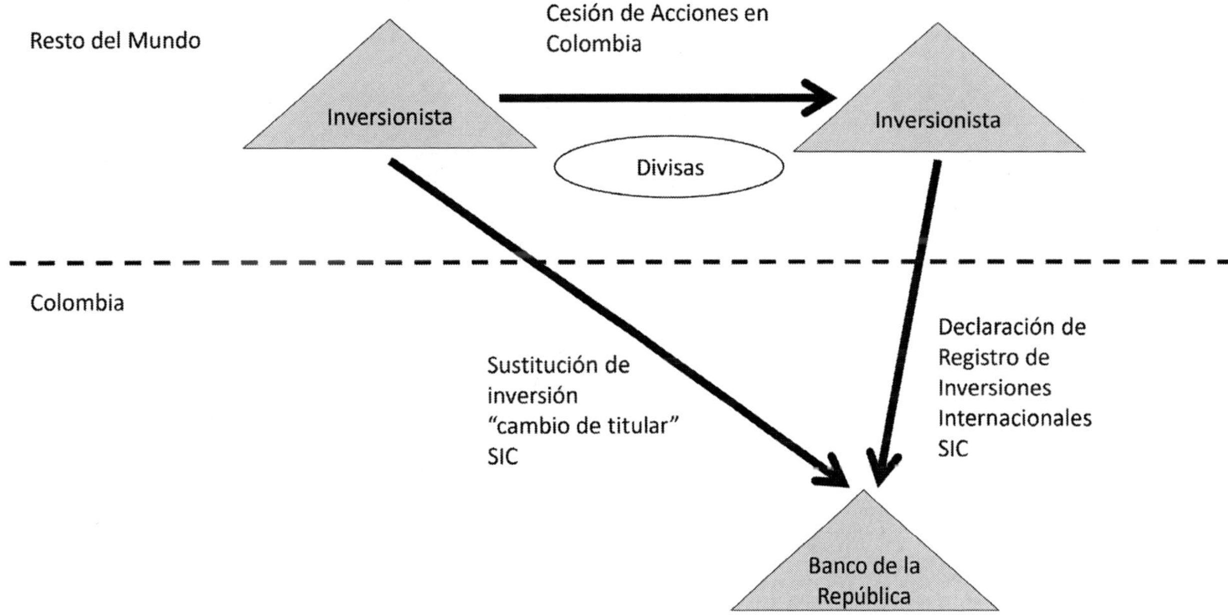

4.1.1.9. INVERSIÓN REALIZADA EN SUCURSALES

Esta se da cuando en virtud del Art. 471 y SS. del Código de Comercio se decide por parte del inversionista desarrollar una actividad permanente en Colombia a través de una sucursal. Debido a que el artículo 263 del Código de Comercio los define como un "establecimiento de comercio", estos no son considerados una persona jurídica diferente a su inversionista.

Así las cosas, los recursos para capitalizar una sucursal son denominados Capital Asignado y Capital Suplementario al Capital Asignado. Y dependiendo de la actividad desarrollada por las Sucursales ellas pueden pertenecer al régimen general o especial.

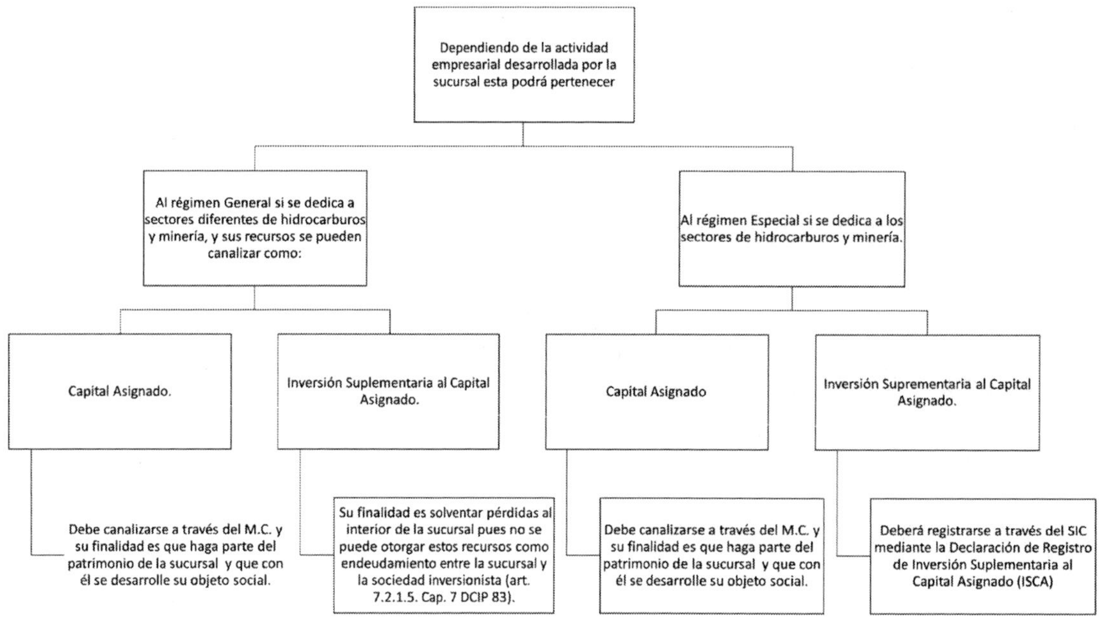

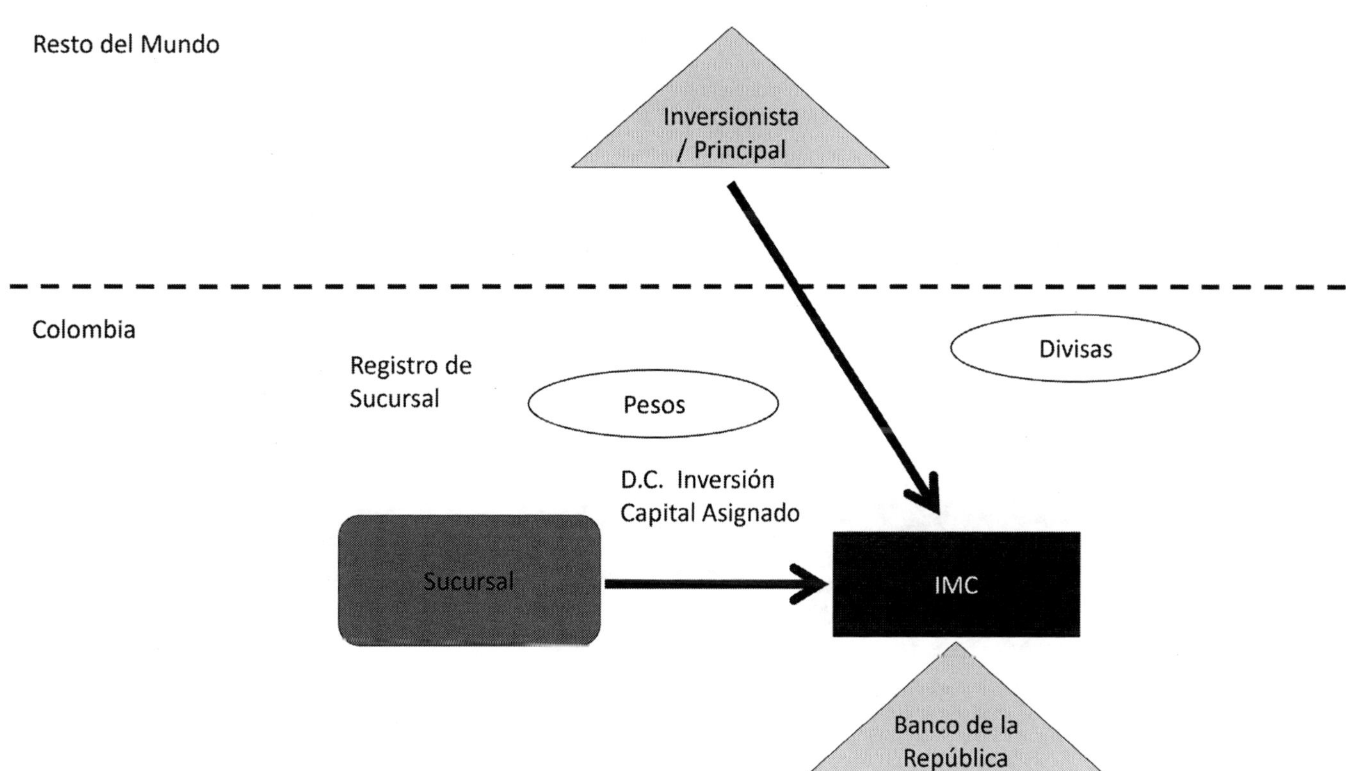
Resto del Mundo
Inversionista / Principal
Colombia
Divisas
Registro de Sucursal
Pesos
D.C. Inversión Capital Asignado
Sucursal
IMC
Banco de la República

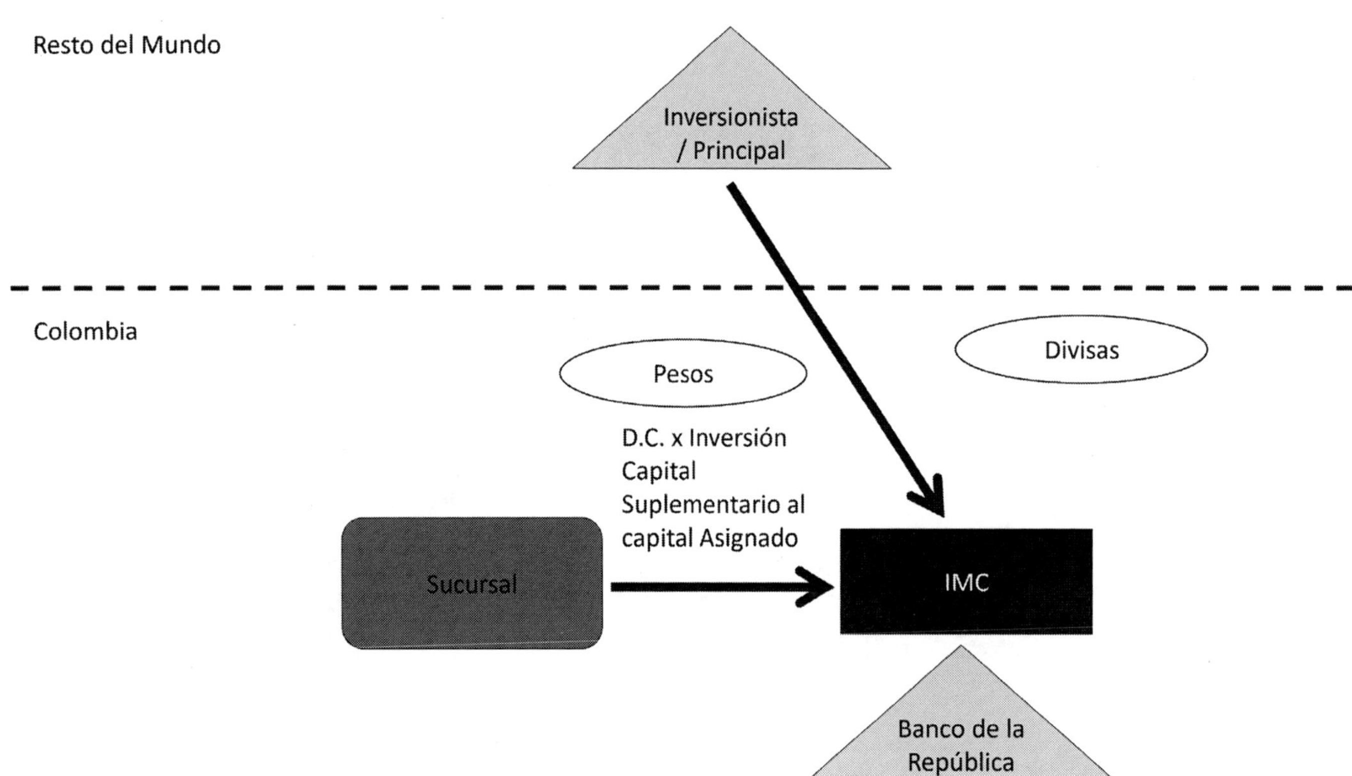
Resto del Mundo
Inversionista / Principal
Colombia
Pesos
Divisas
D.C. x Inversión Capital Suplementario al capital Asignado
Sucursal
IMC
Banco de la República

4.1.2. INVERSIÓN EN PORTAFOLIO

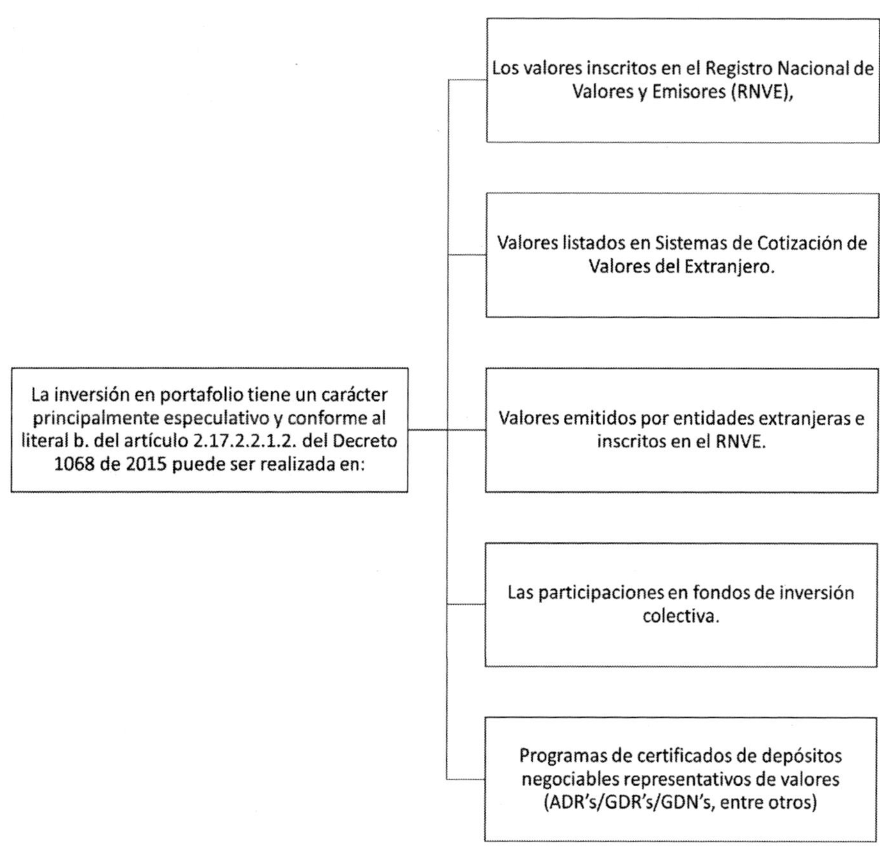

4.1.2.1. REPRESENTACIÓN DEL INVERSIONISTA Y DECLARACIÓN DE CAMBIOS.

En esta modalidad de inversión, debe ser realizada por el no residente, a través de un Administrador, quien debe ser un Comisionista de Bolsa; entidad administradora que además es apoderada del no residente y tiene que velar por el cumplimiento de las obligaciones tributarias, cambiarias, de suministro de información, y las demás que sean señaladas por las entidades competentes (Artículo 2.17.2.2.2.3. Decreto 1068 de 2015).

Además, deberá el administrador presentar al Banco de la República, mensualmente dentro de los 10 días hábiles siguientes al mes que reporta, el "Reporte Estadístico de Inversiones de Capital del Exterior de Portafolio en Colombia – IPEXT" como lo establece el aparte 7.2.2.6. del capítulo 7° de la DCIP 83.

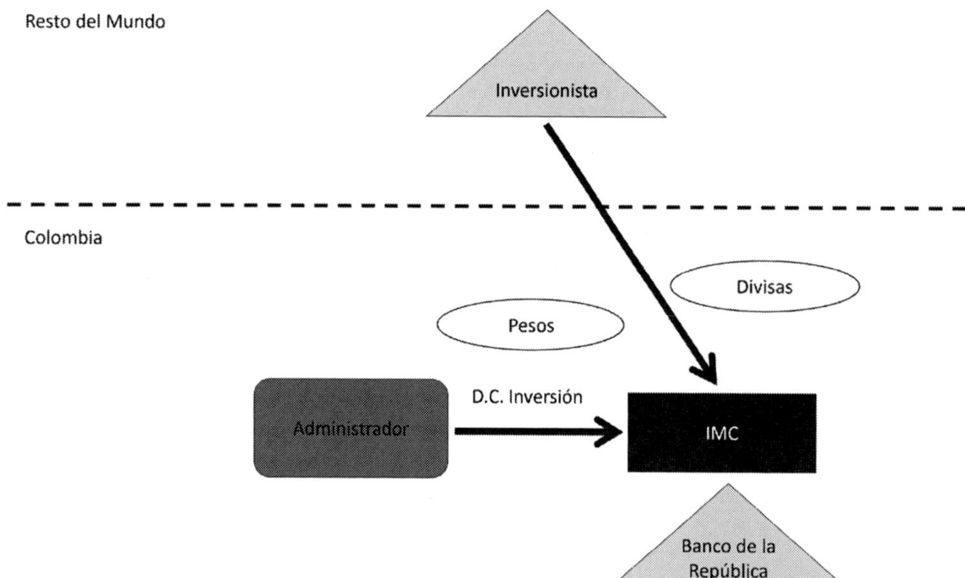

Resto del Mundo

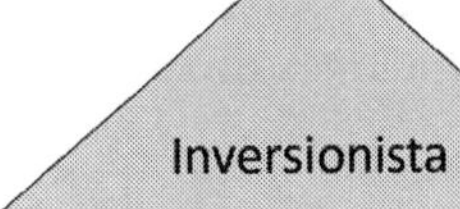

Colombia

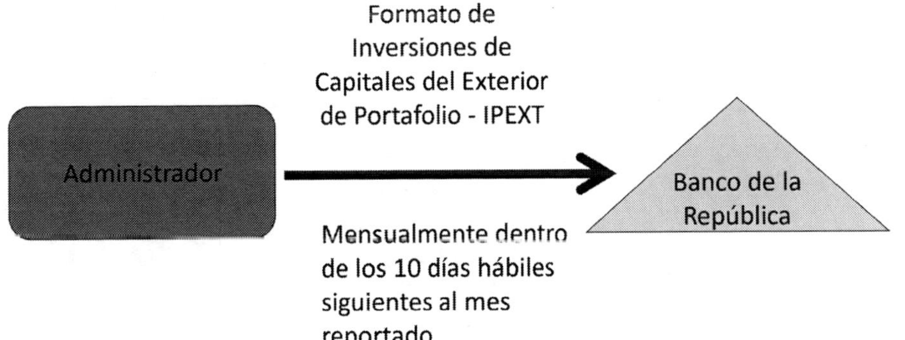

4.1.2.2. GIRO DE DIVIDENDOS.

Debido a que el administrador es quien se encuentra obligado a cumplir con las cargas cambiarias, será este quien deberá presentar la Información de datos mínimos de las operaciones de cambio por inversiones internacionales (Declaración de Cambios).

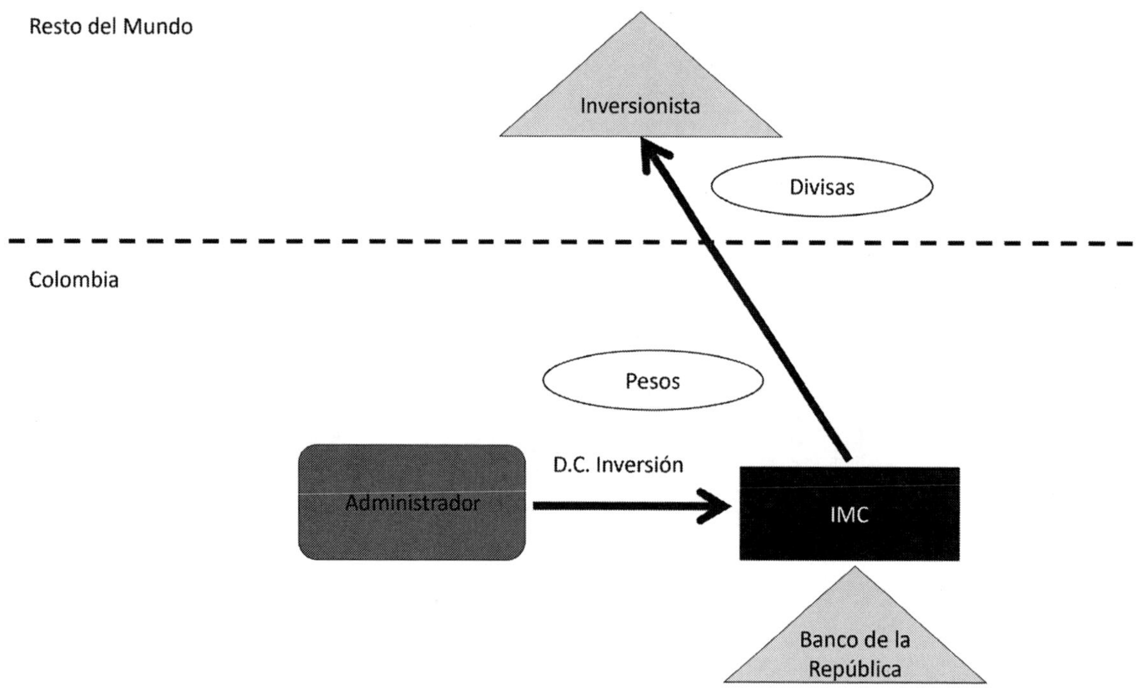

4.1.2.3. SUSTITUCIÓN Y CANCELACIÓN DE INVERSIÓN EN PORTAFOLIO

Acorde con el artículo 7.2.2.3. de la DCIP 83, estos cambios de titularidad o recomposición deberán ser informadas por el Administrador de forma consolidada a través del IPEXT.

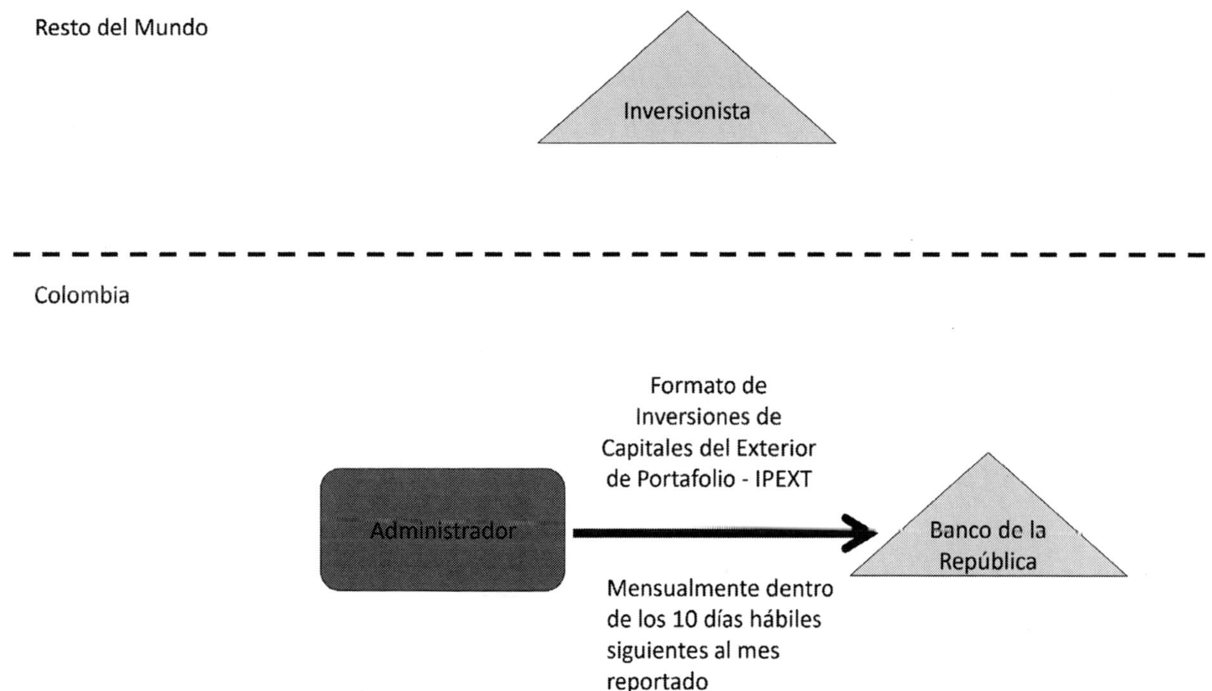

4.2. INVERSIÓN COLOMBIANA EN EL EXTERIOR.

Es aquella mediante la cual un Residente en Colombia realiza inversiones por fuera del país.

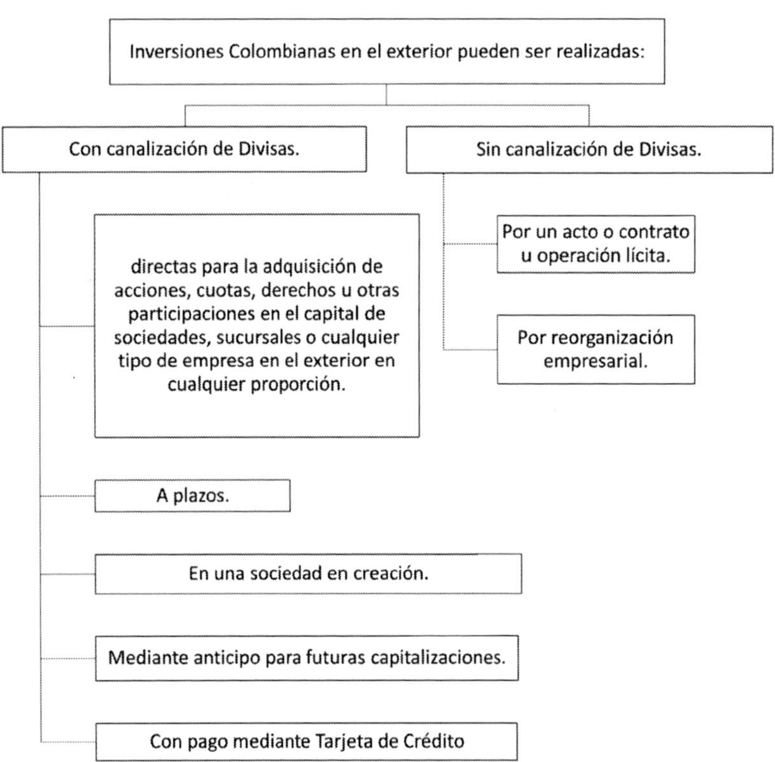

4.2.1. CON CANALIZACIÓN DE DIVISAS

En este tipo de inversiones salientes serán girados recursos al exterior y dependiendo de la forma en la que se realice el pago, podrán variar sus requisitos.

4.2.1.1. EN LA ADQUISICIÓN DE ACCIONES

Si la totalidad de la inversión se realiza mediante un solo envío, se deberá presentar la Información de datos mínimos de las operaciones de cambio por inversiones internacionales (Declaración de Cambios) con los datos definitivos.

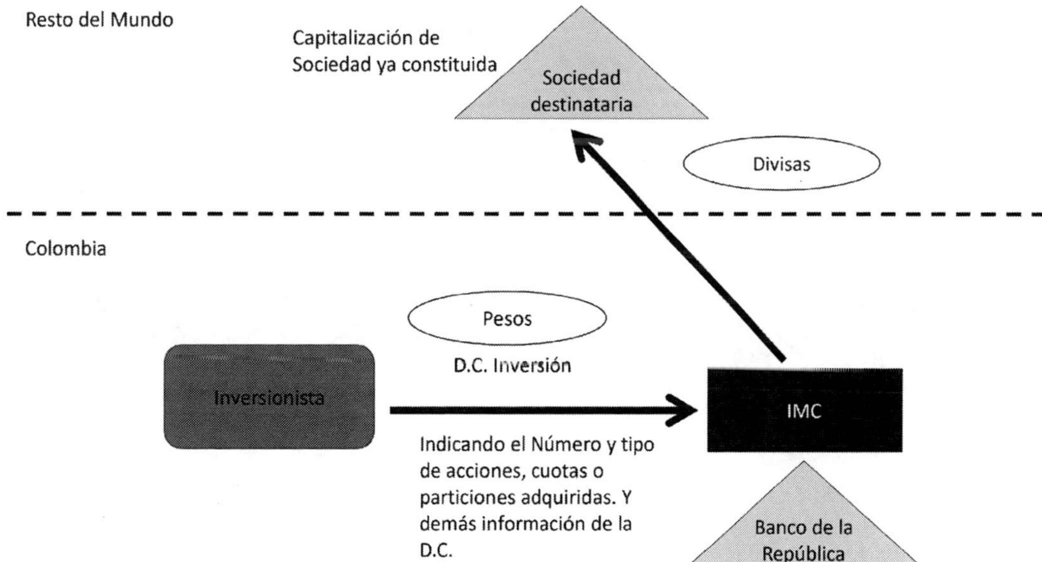

En caso de que el pago sea realizado a plazos, con la Información de datos mínimos de las operaciones de cambio por inversiones internacionales (Declaración de Cambios) se informará el número de acciones en la primera declaración (igual que como se ve en la imagen anterior) y las siguientes irán con el número de acciones en blanco.

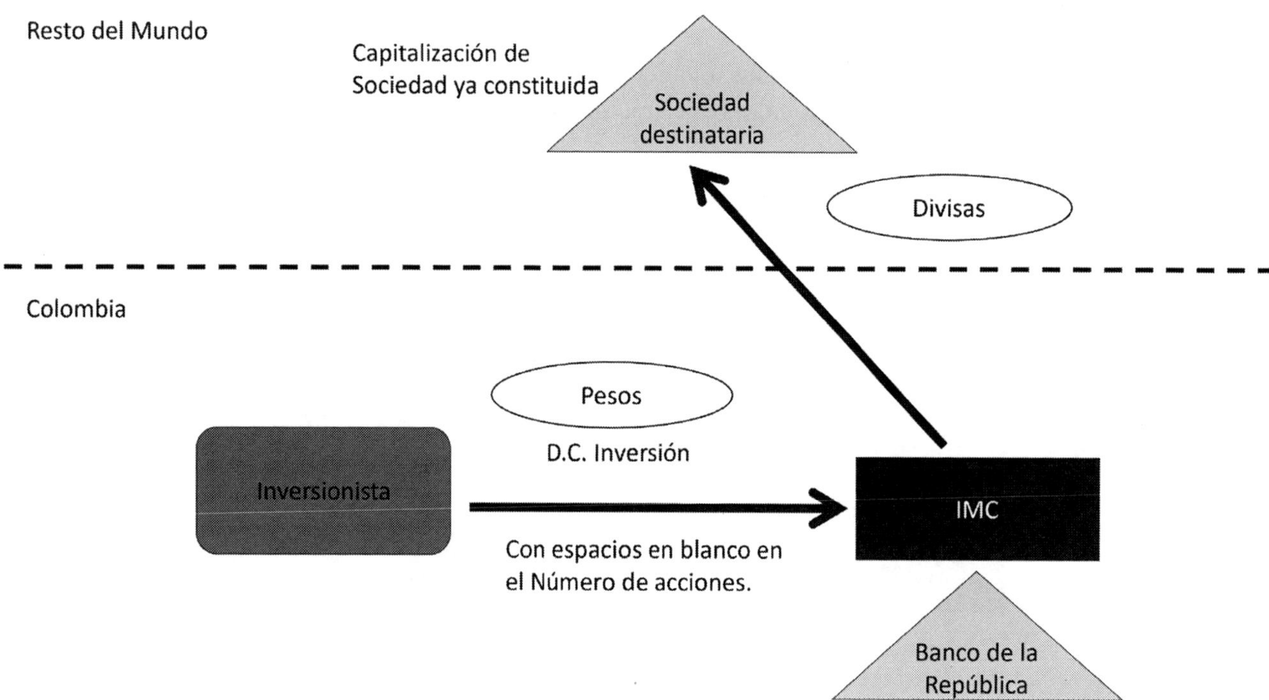

4.2.1.2. EN UNA SOCIEDAD EN CONSTITUCIÓN

En este escenario sería necesario presentar dos declaraciones de cambios, una inicial con espacios en blanco y la otra modificatoria de la inicial, complementando los datos en blanco.

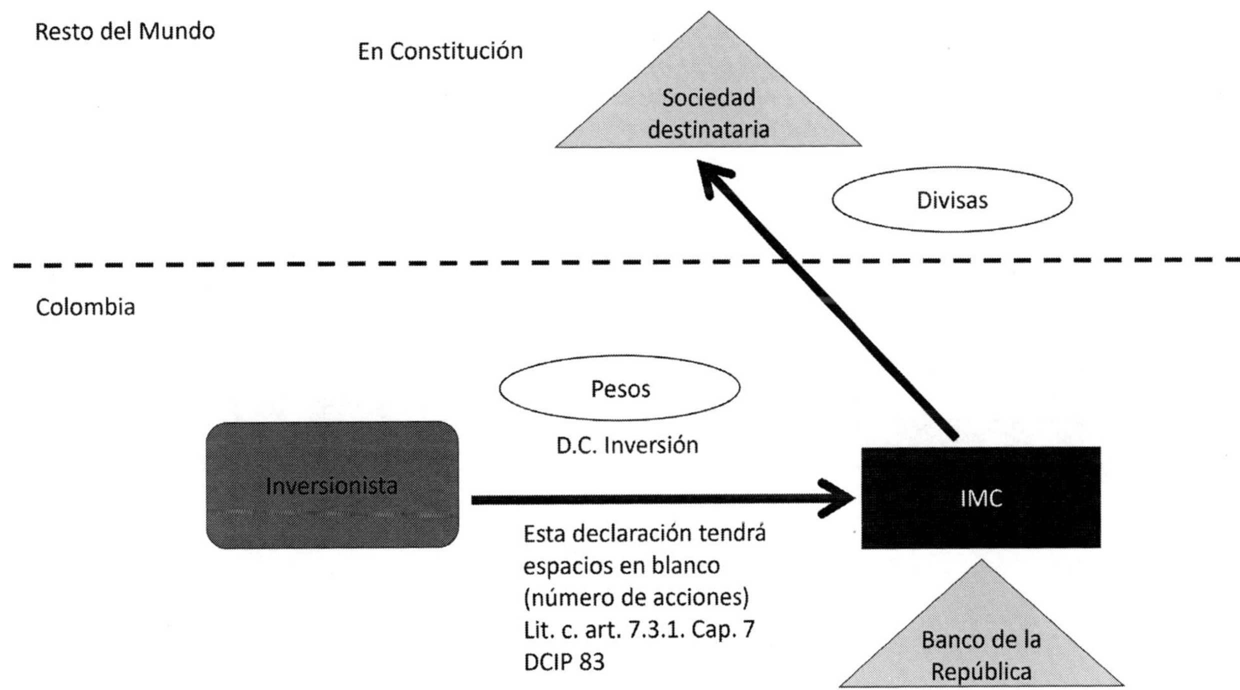

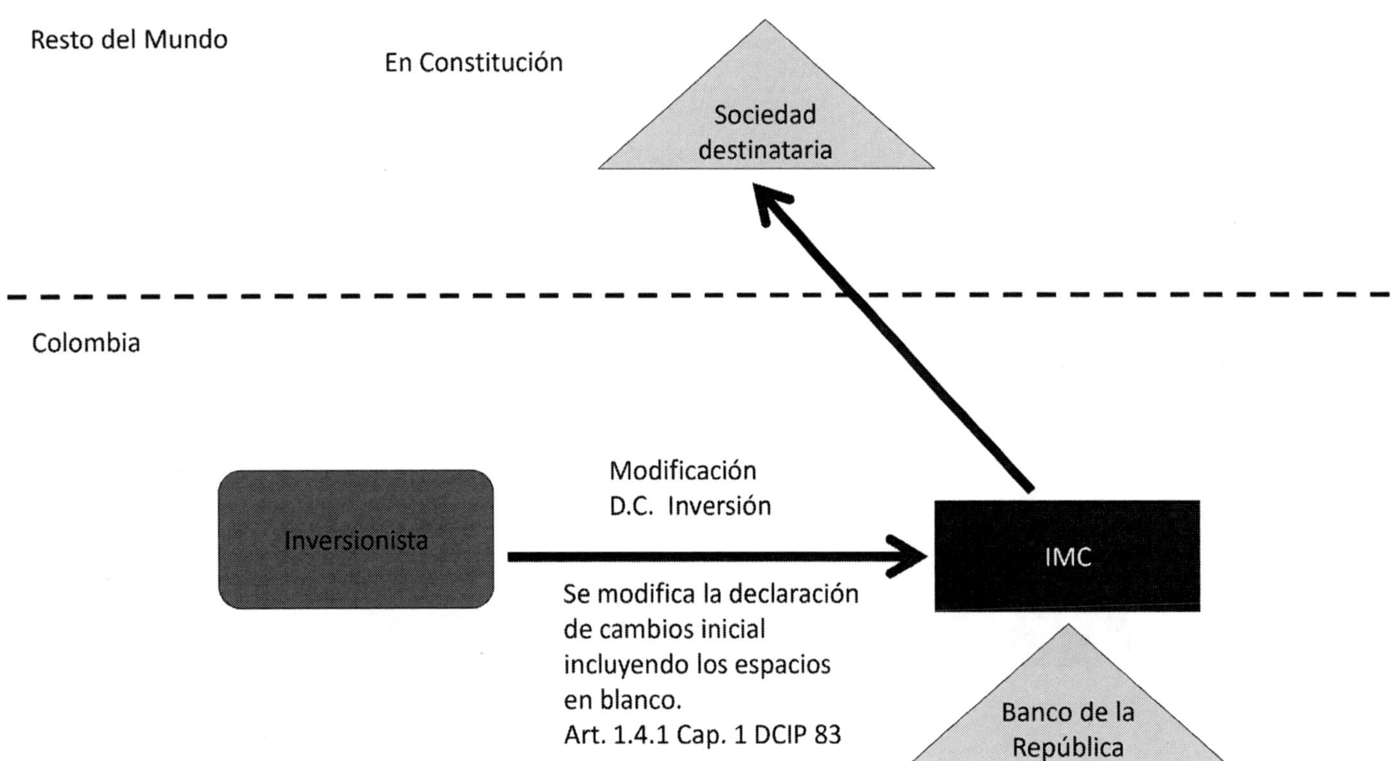
Resto del Mundo
En Constitución
Sociedad destinataria
Colombia
Inversionista
Modificación
D.C. Inversión
IMC
Se modifica la declaración
de cambios inicial
incluyendo los espacios
en blanco.
Art. 1.4.1 Cap. 1 DCIP 83
Banco de la República

4.2.1.3. ANTICIPO PARA FUTURA CAPITALIZACIÓN

Para este tipo de operación se realizan diversos registros, pues por un lado se hace el registro y desembolso de los recursos como si de un endeudamiento se tratase, y después se procedería a realizar una capitalización del endeudamiento.

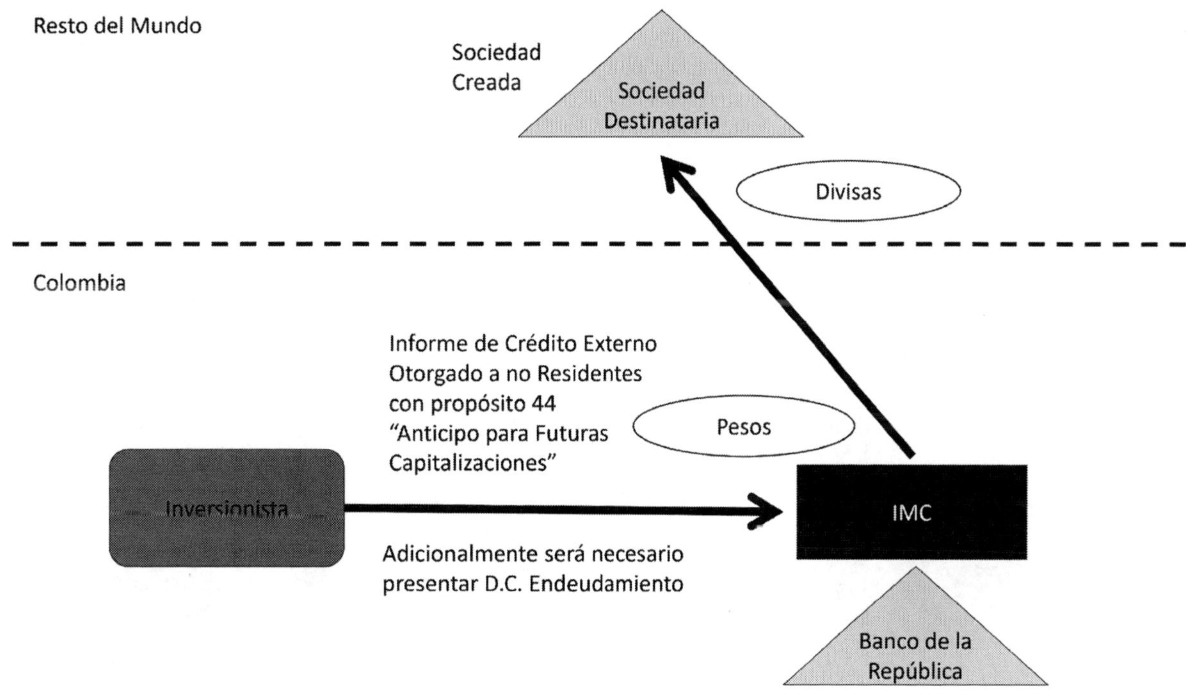

Resto del Mundo

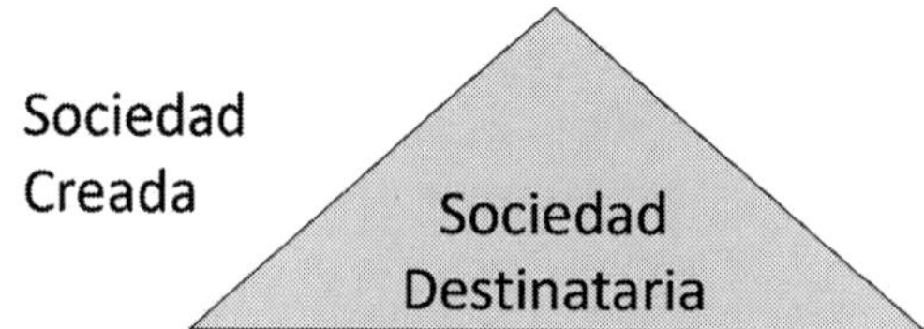

Colombia

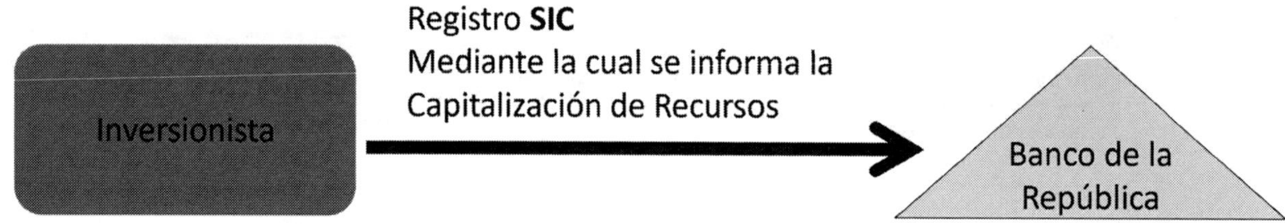

4.2.1.4. PAGO DE INVERSIÓN MEDIANTE TARJETA DE CRÉDITO.

La normativa cambiaria permite que el pago sea realizado de dos formas.

1. Inversión saliente cuyo pago se haya realizado con tarjeta de crédito emitida en Colombia cobrada en pesos.

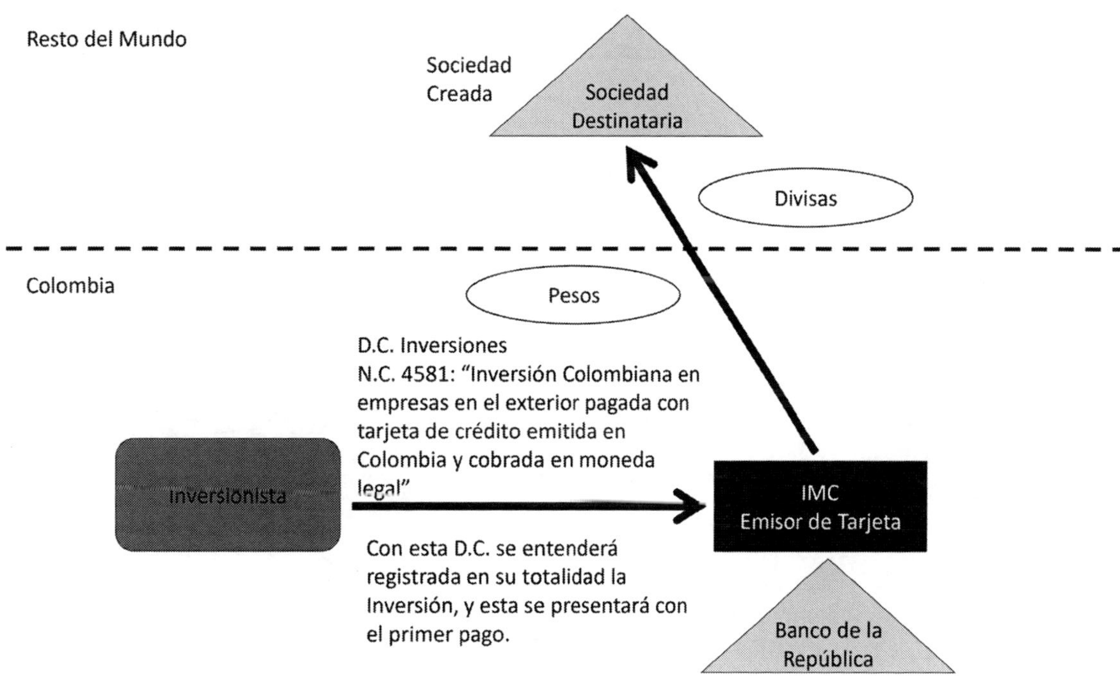

2. Inversión saliente cuyo pago se haya realizado con tarjeta de crédito emitida en el exterior o en Colombia cobrada en divisas.

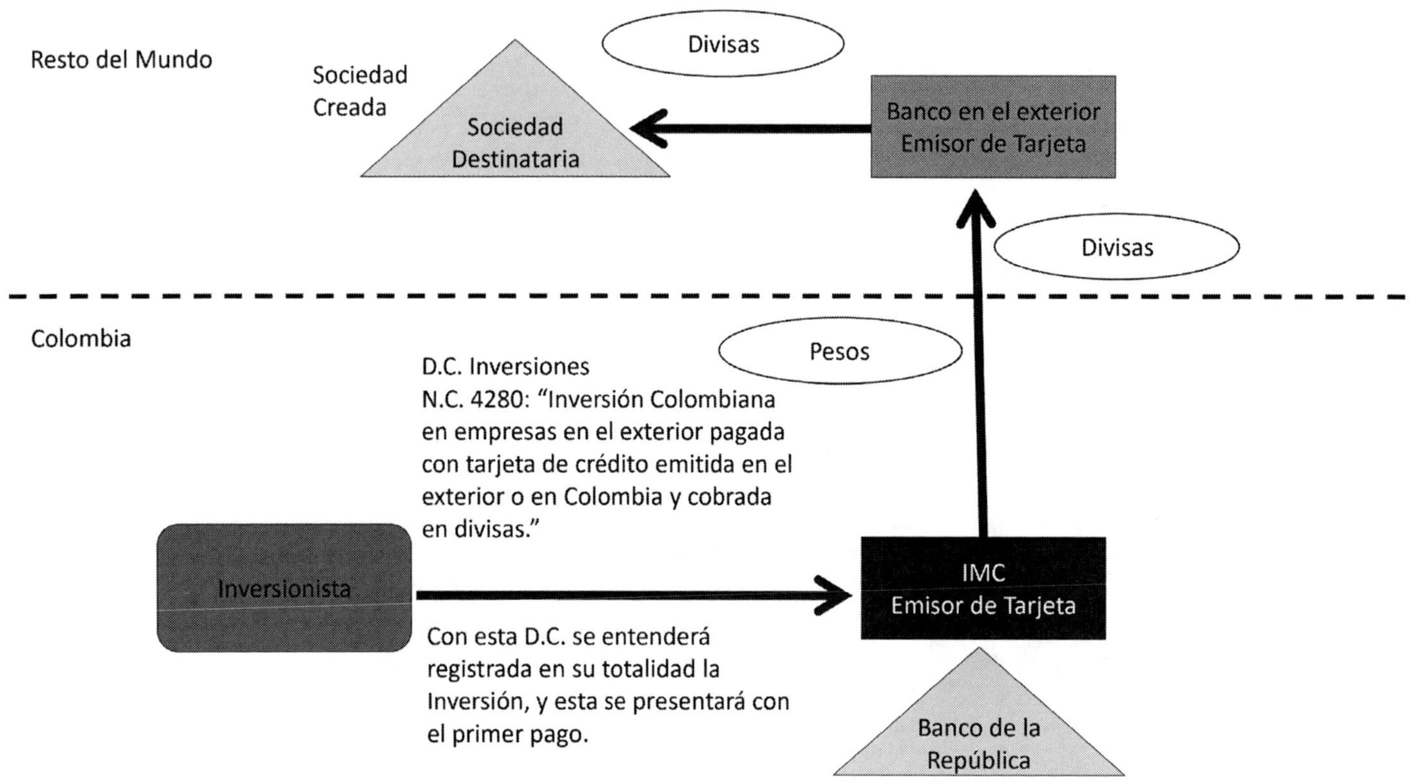

4.2.2. SIN CANALIZACIÓN DE DIVISAS.

Esta se deberá registrar por el inversionista colombiano, sus representantes legales o su apoderado ante el Banco de la República mediante la "Declaración de Registro de Inversiones Internacionales" a través del Sistema de Información Cambiaria.

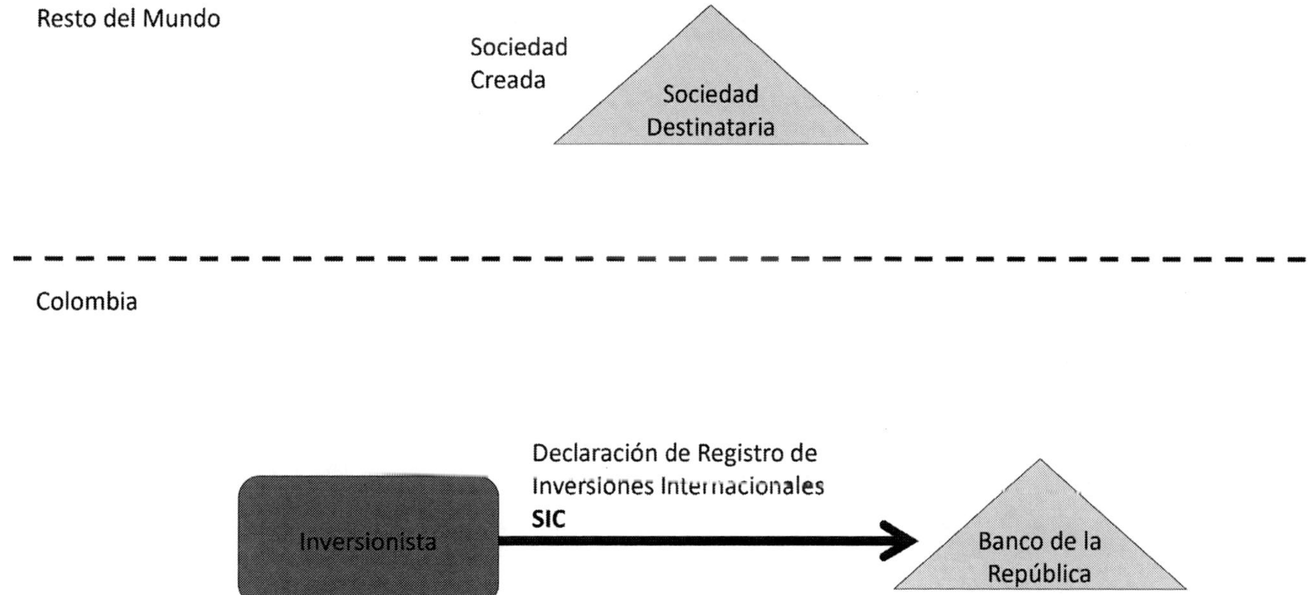

En el caso de las fusiones o escisiones en el exterior, deberá informase al Banco de la República a través del Sistema de Información Cambiaria.

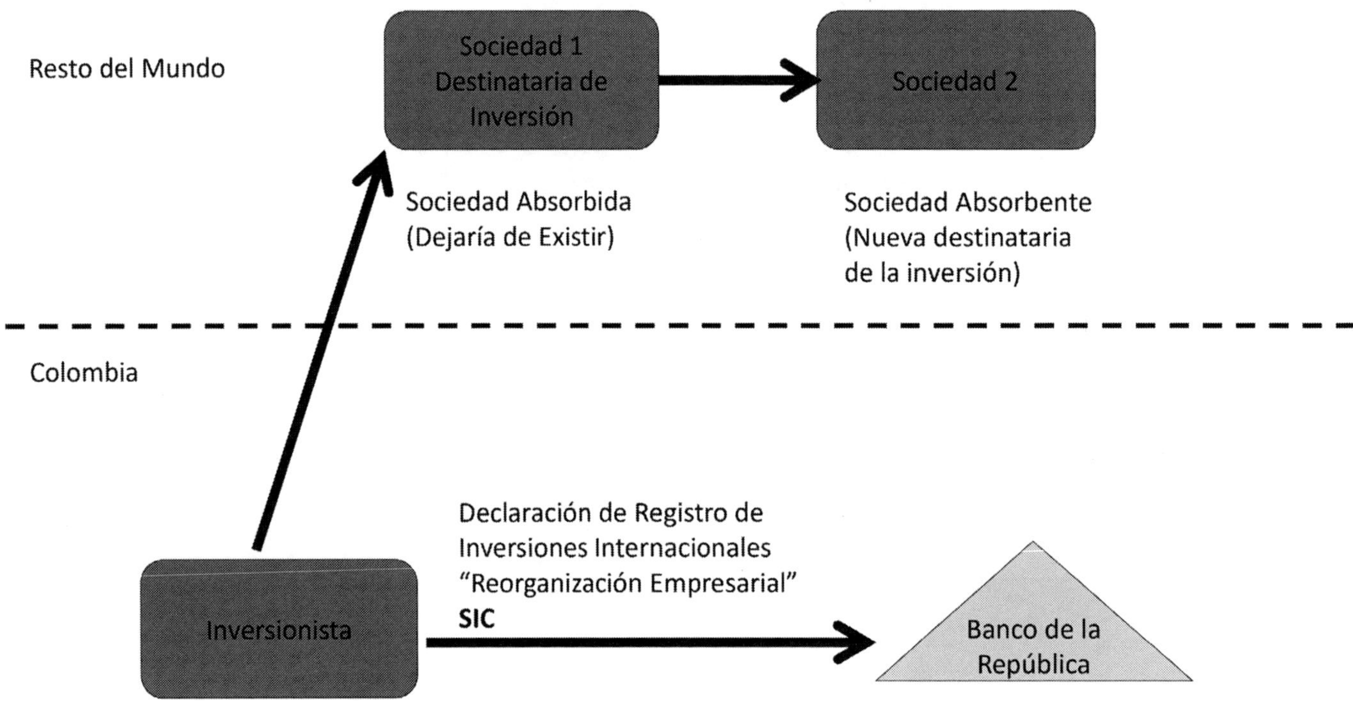

5. CUENTAS DE COMPENSACIÓN

DUDAS FRECUENTES RESPECTO A LAS CUENTAS DE COMPENSACIÓN	
PREGUNTA	**RESPUESTA**
¿Puede un residente en Colombia tener cuentas en divisas en el exterior?	Sí, de acuerdo con el art. 81 R.E. 01 de 2018, los residentes pueden constituir depósitos en cuentas bancarias en el exterior, y a través de ellas podrán realizar todas las operaciones que no hagan parte del Mercado Cambiario.
¿Qué es una cuenta de compensación?	Es una cuenta en divisas en el exterior, la cual ha sido sometida al mecanismo de compensación ante el Banco de la República.
¿Qué tipo de operaciones pueden hacerse a través de una cuenta de compensación?	A través de una cuenta sometida al mecanismo de compensación, podrán canalizarse operaciones libres y operaciones del mercado cambiario. Y salvo norma expresa que lo habilite, el titular de cuentas de compensación solamente podrá canalizar sus operaciones.
¿Cómo se realiza el registro?	El registro de las cuentas de compensación se realiza directamente ante el Banco de la República mediante el sistema establecido por esta entidad. Actualmente se realiza mediante el Sistema de Información Cambiaria.
¿Qué termino se tiene para registrar una cuenta de compensación?	*"El registro de las cuentas de compensación deberá efectuarse a más tardar dentro del mes siguiente a la fecha de la realización de una operación que deba canalizarse a través del mercado cambiario."* *Inciso 2° Art. 37 R.E. 01 de 2018*
¿Pueden canalizarse operaciones internas mediante cuentas de compensación?	Sí, el inciso 4° Art. 37 R.E. 01 de 2018 nos dice lo siguiente: *"Los residentes, si así lo acuerdan, deberán utilizar las cuentas de compensación para girar y recibir divisas correspondientes al cumplimiento de obligaciones derivadas de operaciones internas cuyo pago no está expresamente autorizado en moneda extranjera en esta resolución."*

DUDAS FRECUENTES RESPECTO A LAS CUENTAS DE COMPENSACIÓN	
PREGUNTA	**RESPUESTA**
¿Cuál es el formulario empleado en las cuentas de compensación?	Con la expedición del Boletín de la Junta Directiva del Banco de la República Número 36 del12 de septiembre de 2023, se eliminó el Formulario No. 10, así que el Registro de Cuenta de Compensación, así como el Informe de Movimientos de Cuenta de Compensación y la Cancelación del registro se transmiten a través del Sistema de Información Cambiaria, sin que se requiera para ello un formulario específico.
¿Además de los informes a través del SIC es necesario presentar declaraciones de cambios?	Dependiendo del tipo de operación puede ser que el informe reemplace la declaración de cambios, como suele ocurrir en las importaciones y exportaciones. Pero también existen escenarios en los que resulte necesario que el titular de cuentas de compensación, además de presentar el informe, presente las declaraciones de cambios; esto suele ocurrir con las inversiones y operaciones de endeudamiento. Situaciones en las que el titular de cuentas de compensación deberá presentar las declaraciones de cambios directamente al Banrep a través del SIC.
¿El Informe de Movimientos de Cuenta de Compensación reemplaza los informes de endeudamiento?	No, el registro de los endeudamientos pasivos y activos deberán ser registrados mediante el Informe de Crédito Externo Otorgado a Residentes o No Residentes según corresponda. También vale la pena decir que estos Informes solamente pueden ser presentados y registrados ante los IMC y no pueden ser tramitados directamente por el titular de cuentas de compensación ante el Banrep.

5.1. CUENTAS EN DIVISAS EN EL EXTERIOR

Las divisas destinadas a ser depositadas en cuentas en el exterior pueden ser adquiridas por otros residentes y posteriormente depositadas directamente en la cuenta en exterior. O podrán ser adquiridas por un Intermediario del Mercado Cambiario, en cuyo caso se estarían canalizando voluntariamente los recursos.

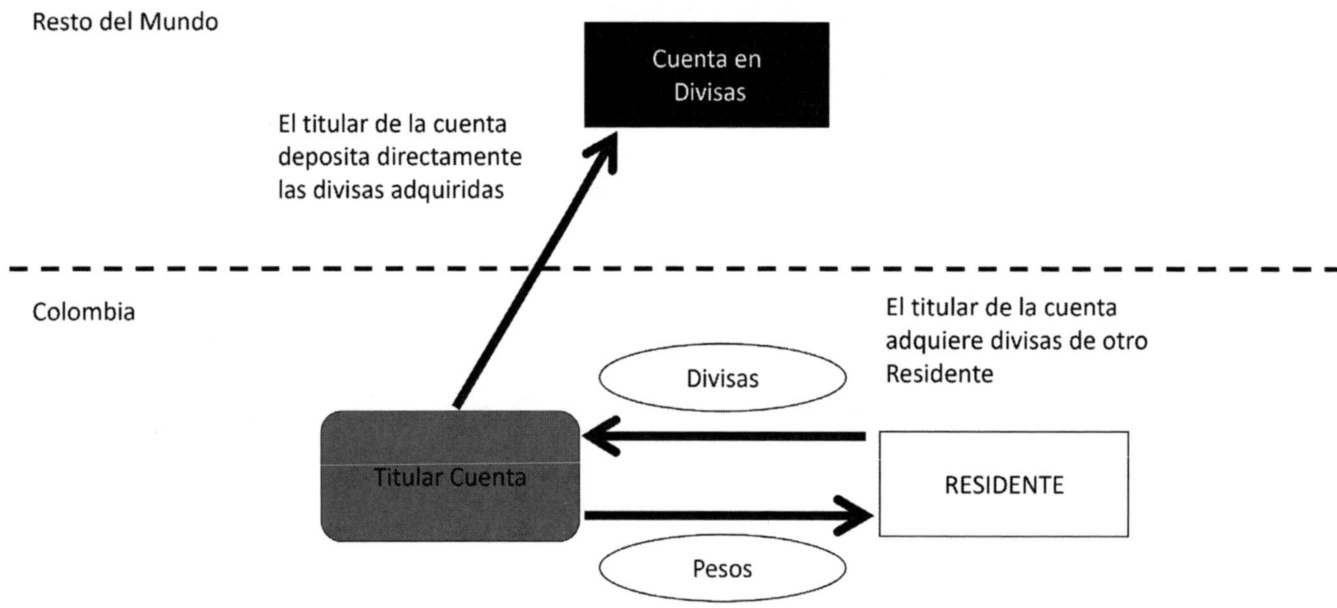

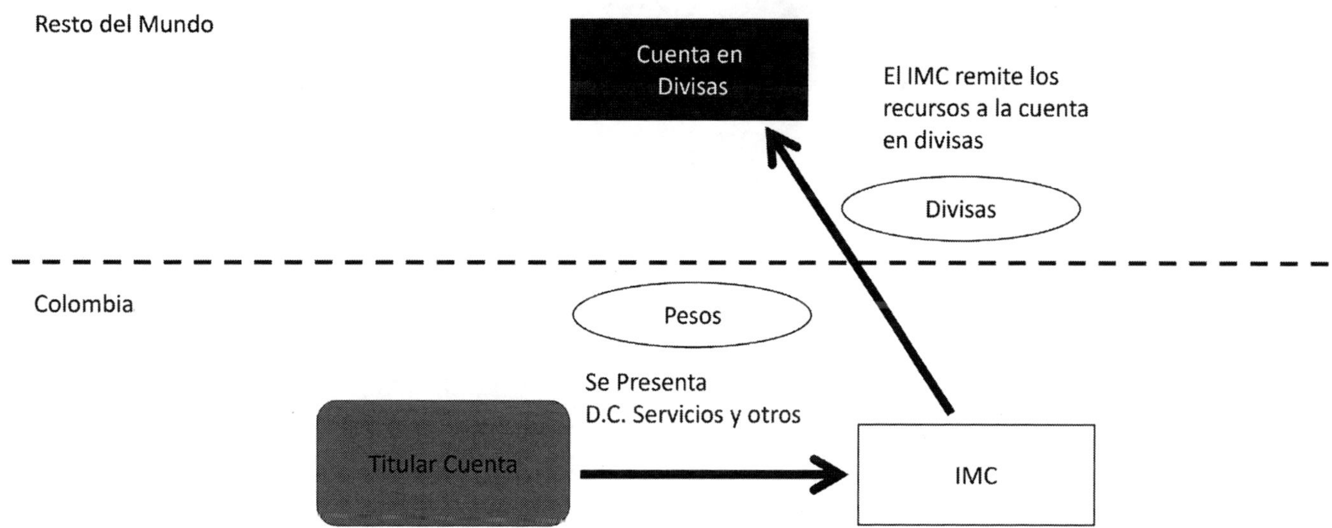
Resto del Mundo
Cuenta en Divisas
El IMC remite los recursos a la cuenta en divisas
Divisas
Colombia
Pesos
Se Presenta D.C. Servicios y otros
Titular Cuenta
IMC

A través de cuentas que los residentes tengan abiertas en el exterior se pueden realizar todas aquellas operaciones que no hagan parte del mercado cambiario. Estas operaciones no deberás ser informadas al Banco de la República.

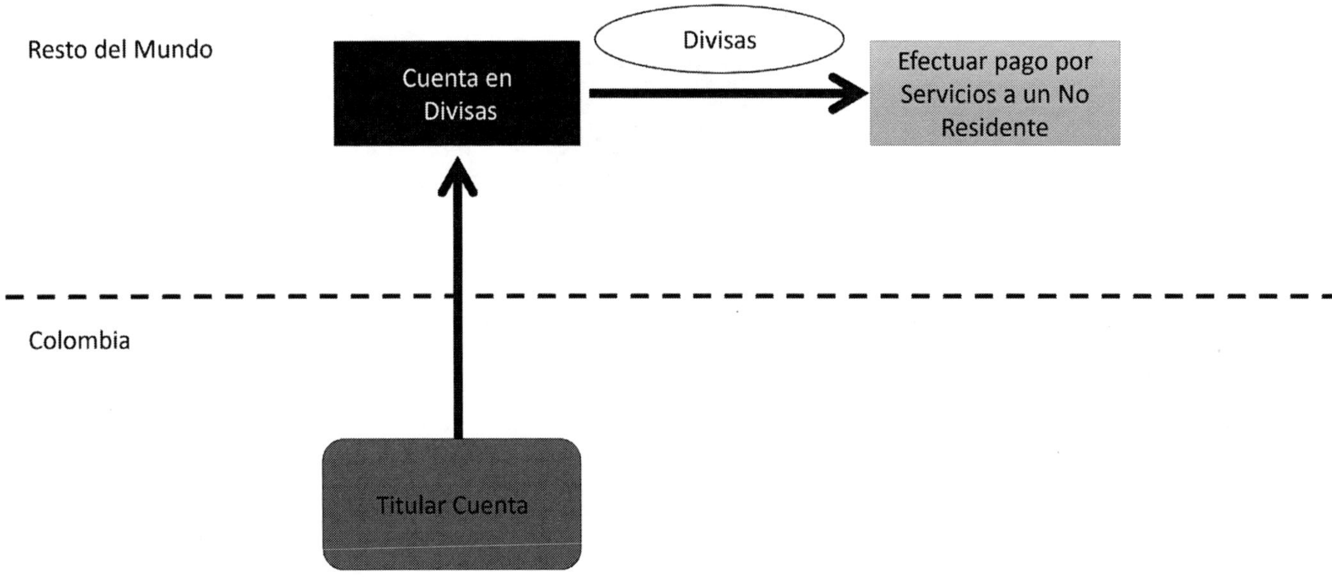

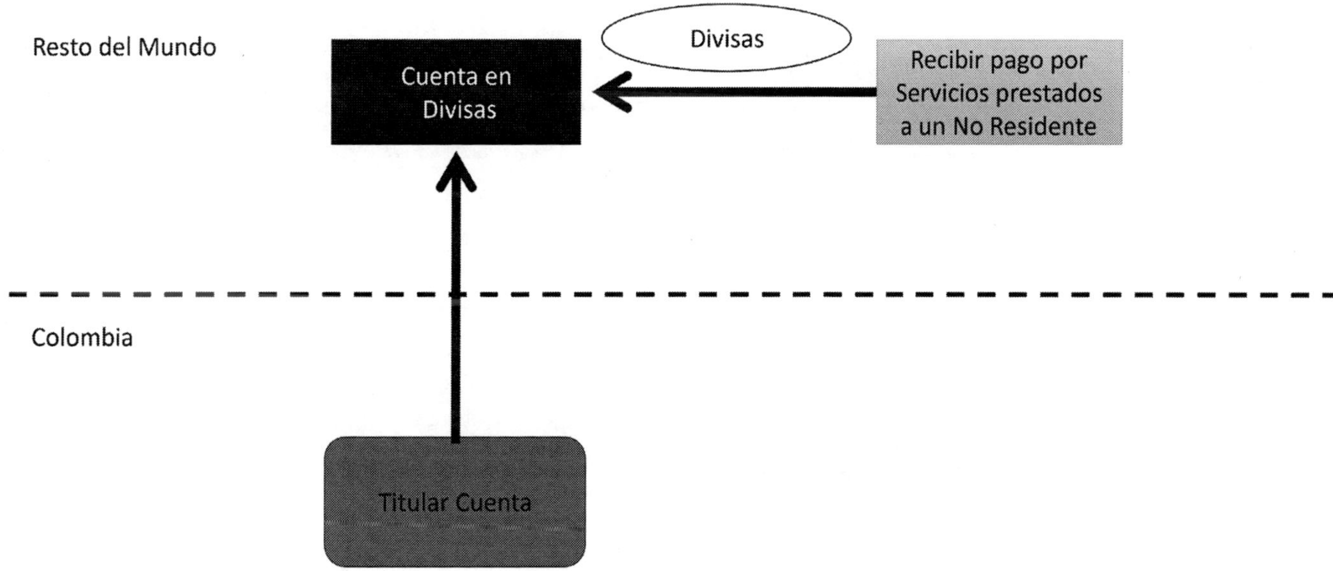
Resto del Mundo
Cuenta en Divisas
Divisas
Recibir pago por Servicios prestados a un No Residente
Colombia
Titular Cuenta

5.2 MECANISMO DE COMPENSACIÓN

Si el titular de una cuenta en divisas realiza una operación del mercado cambiario deberá someter esta cuenta al mecanismo de compensación dentro del mes siguiente.

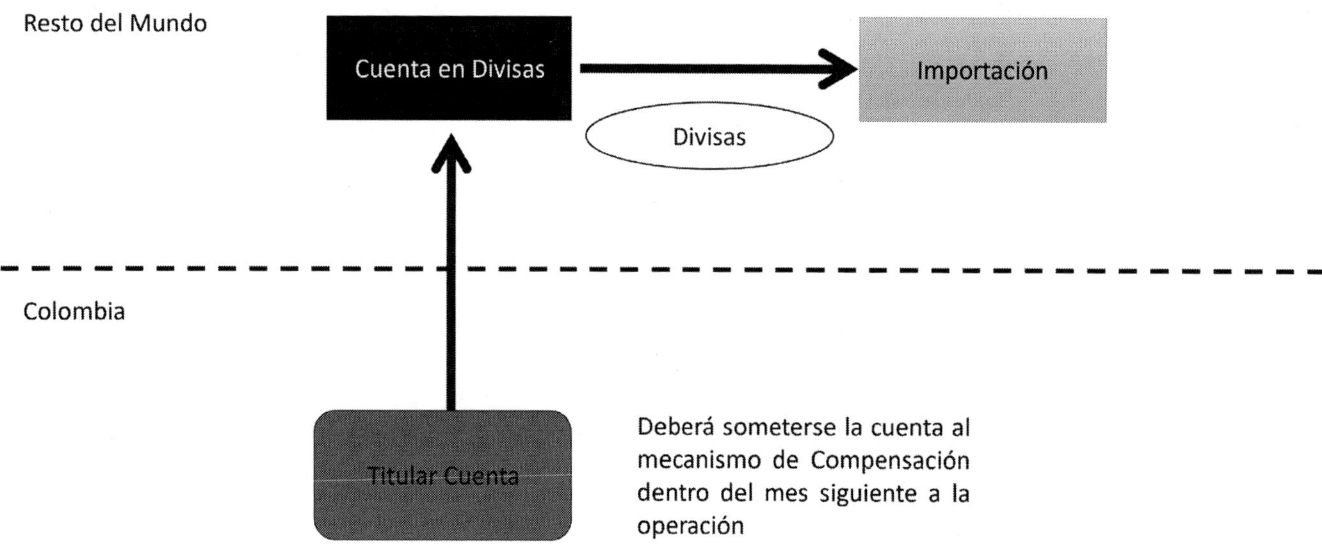

El registro de la cuenta en divisas como cuenta de compensación deberá ser realizada por el titular de la cuenta a través del Sistema de Información Cambiaria, para lo cual deberá registrarse como usuario si no lo ha hecho, con ocasión a otras operaciones.

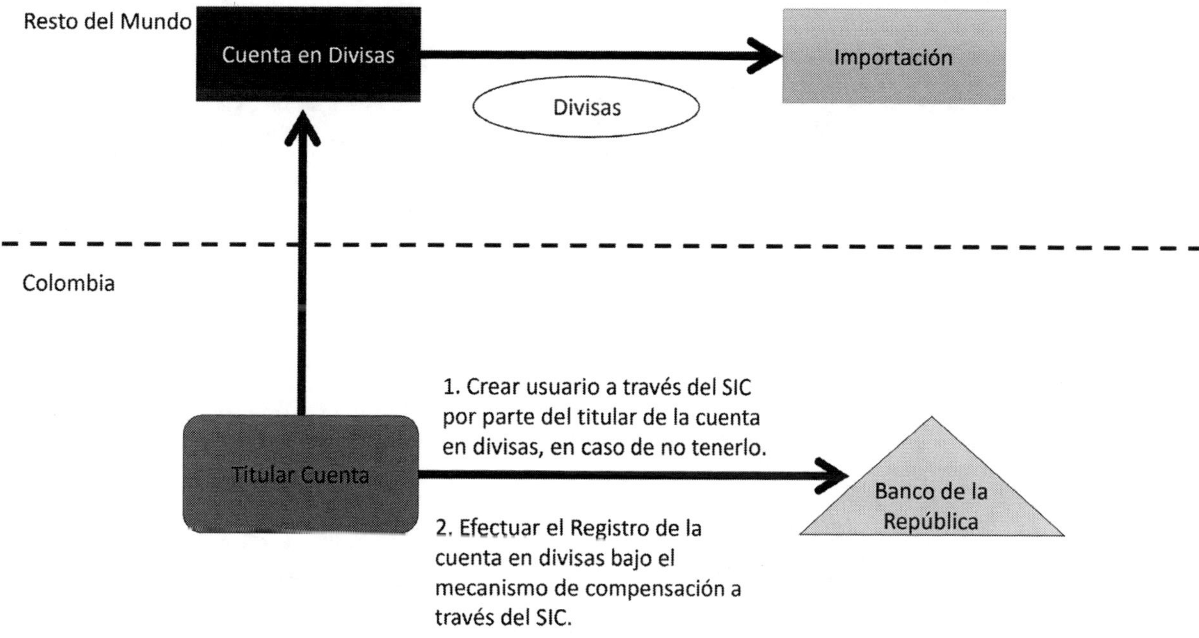

5.3. REPORTE DE MOVIMIENTOS

Al tener inscrita una cuenta de compensación surge la obligación de presentar mensualmente el Informe de Movimientos de Cuenta de Compensación, dentro del mes calendario siguiente.

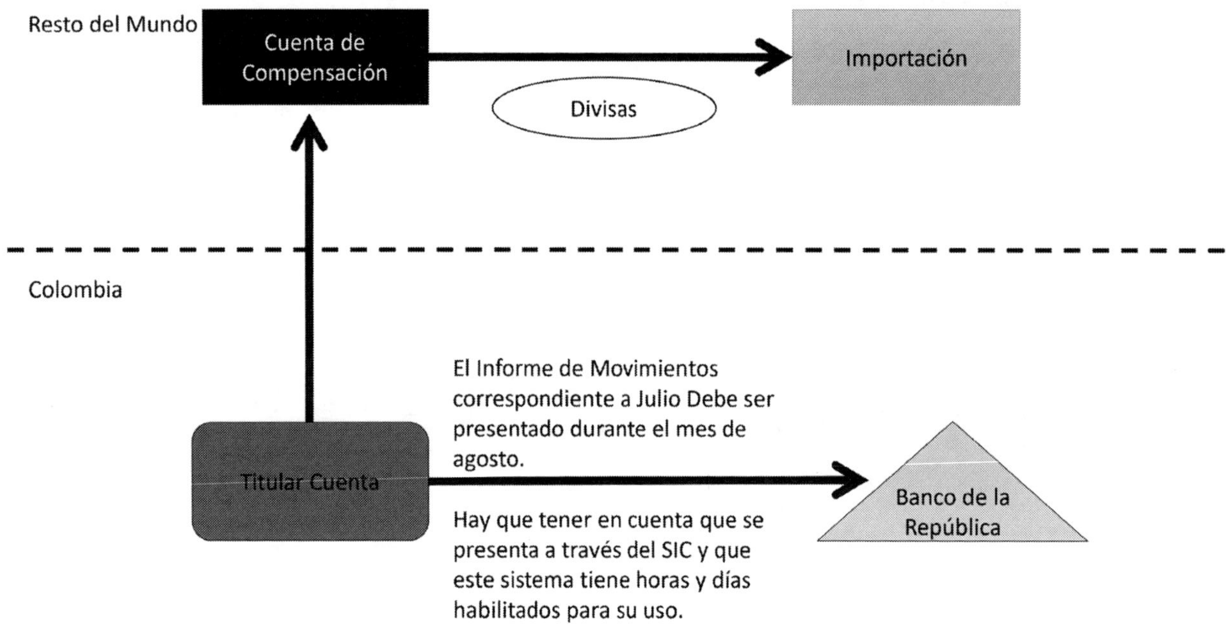

5.4. CANALIZACIÓN DE IMPORTACIONES, EXPORTACIONES Y SERVICIOS U OTROS CONCEPTOS.

Conforme a los artículos 8.3.1., 8.3.2 y 8.4.1 del Capítulo 8 de la DCIP 83, el Informe de Movimientos de Cuenta de Compensación hará las veces de declaración de cambios por importaciones, exportaciones y servicios u otros conceptos.

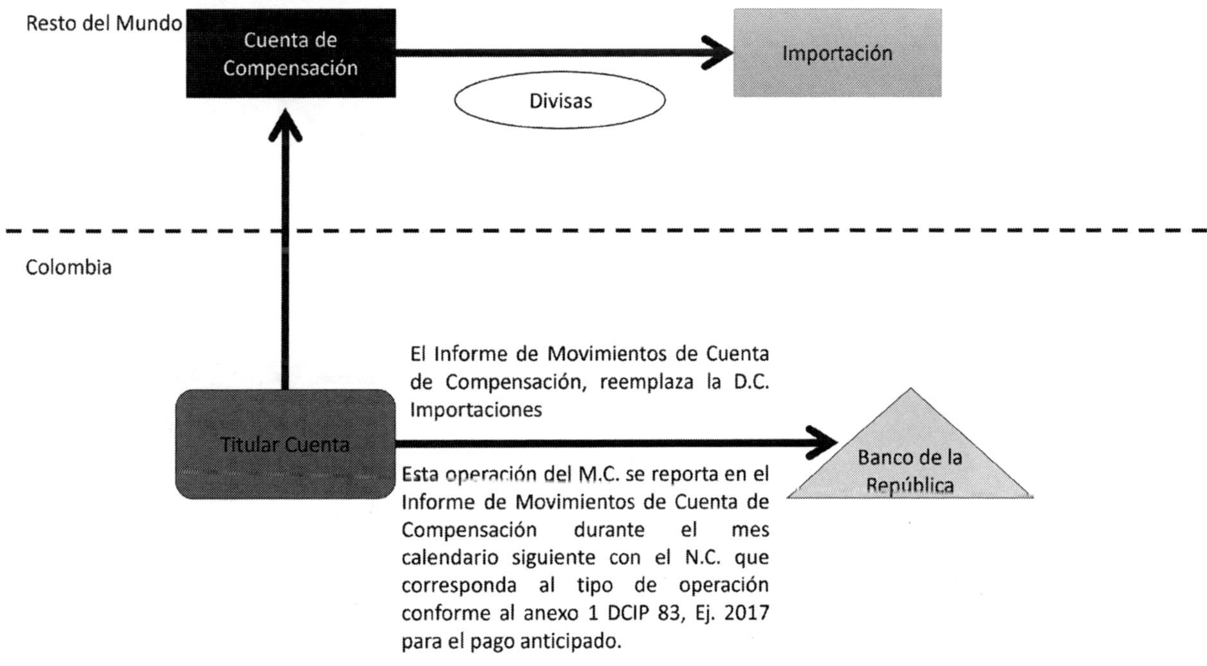

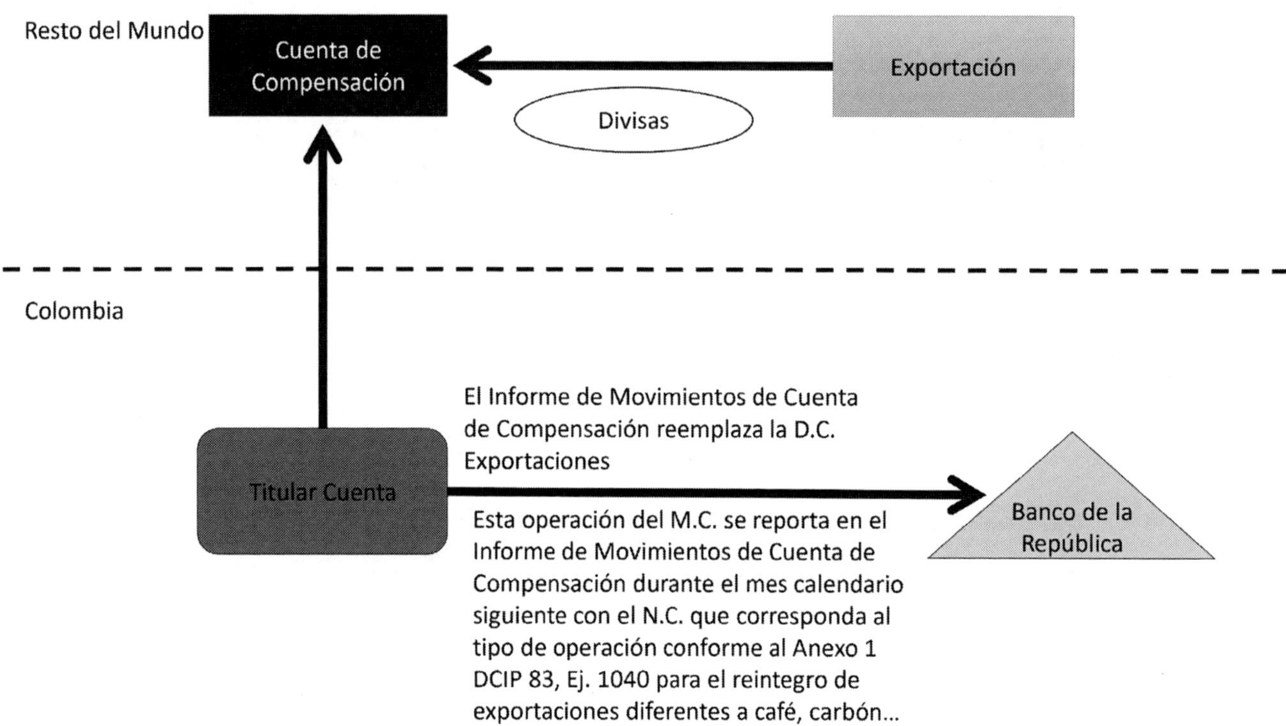
Resto del Mundo
Cuenta de Compensación
Exportación
Divisas
Colombia
El Informe de Movimientos de Cuenta de Compensación reemplaza la D.C. Exportaciones
Titular Cuenta
Banco de la República
Esta operación del M.C. se reporta en el Informe de Movimientos de Cuenta de Compensación durante el mes calendario siguiente con el N.C. que corresponda al tipo de operación conforme al Anexo 1 DCIP 83, Ej. 1040 para el reintegro de exportaciones diferentes a café, carbón...

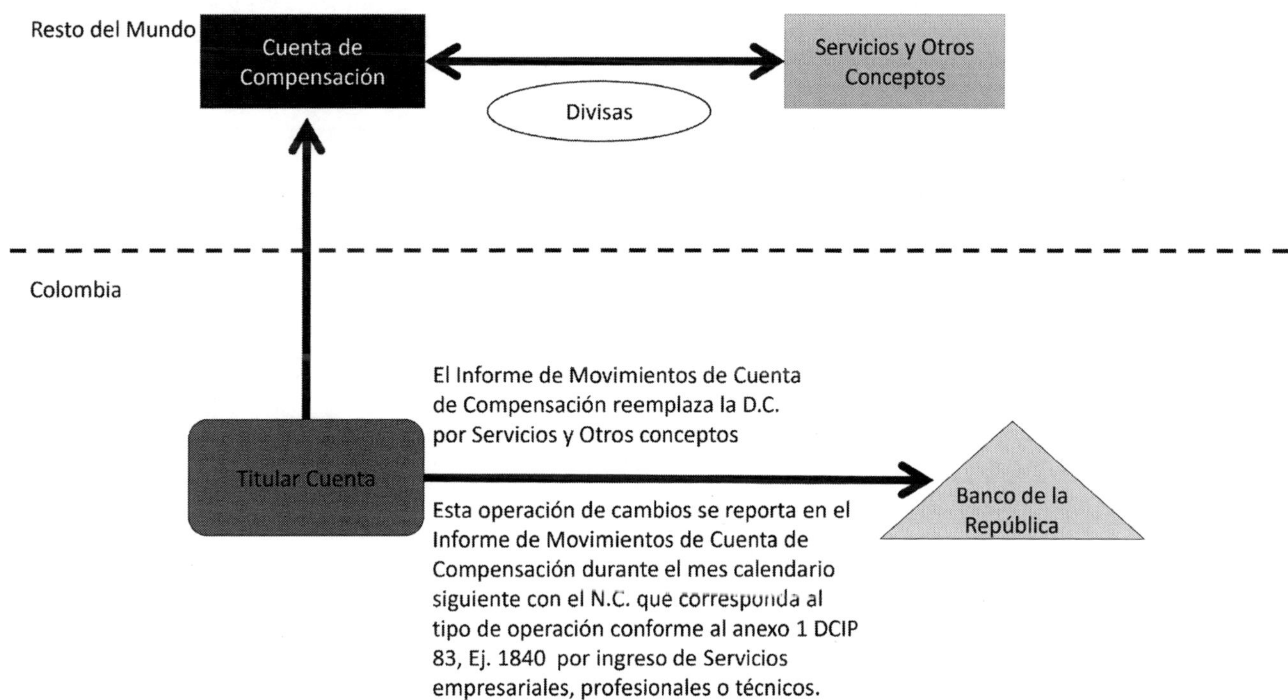
Resto del Mundo
Cuenta de Compensación
Servicios y Otros Conceptos
Divisas
Colombia
El Informe de Movimientos de Cuenta de Compensación reemplaza la D.C. por Servicios y Otros conceptos
Titular Cuenta
Banco de la República
Esta operación de cambios se reporta en el Informe de Movimientos de Cuenta de Compensación durante el mes calendario siguiente con el N.C. que corresponda al tipo de operación conforme al anexo 1 DCIP 83, Ej. 1840 por ingreso de Servicios empresariales, profesionales o técnicos.

5.5. INVERSIONES INTERNACIONALES

En el caso de las inversiones, si ellas corresponden a las que se identifican con los siguientes Numerales Cambiarios, deberá presentarse declaración de cambios directamente por el titular de la Cuenta de Compensación, de forma previa a la presentación del Informe de Movimientos de Cuenta de Compensación, directamente al Banco de la República a través del Sistema de Información Cambiaria.

N.C.	DESCRIPCIÓN
4026	Inversión directa de capitales del exterior en sociedades nacionales y con capital del exterior que realicen actividades del sector de hidrocarburos y minería
4032	Adquisición de participaciones en fondos de capital privado.
4035	Inversión directa de capitales del exterior en empresas y en el capital asignado de sucursales – sectores diferentes de hidrocarburos y minería
4036	Prima en colocación de aportes
4040	Inversión suplementaria al capital asignado – sectores diferentes de hidrocarburos y minería -
4563	Retorno de inversión de capital del exterior por la liquidación de participaciones en fondos de capital privado
4565	Inversión de capitales del exterior no perfeccionada.
4580	Inversión colombiana directa en el exterior

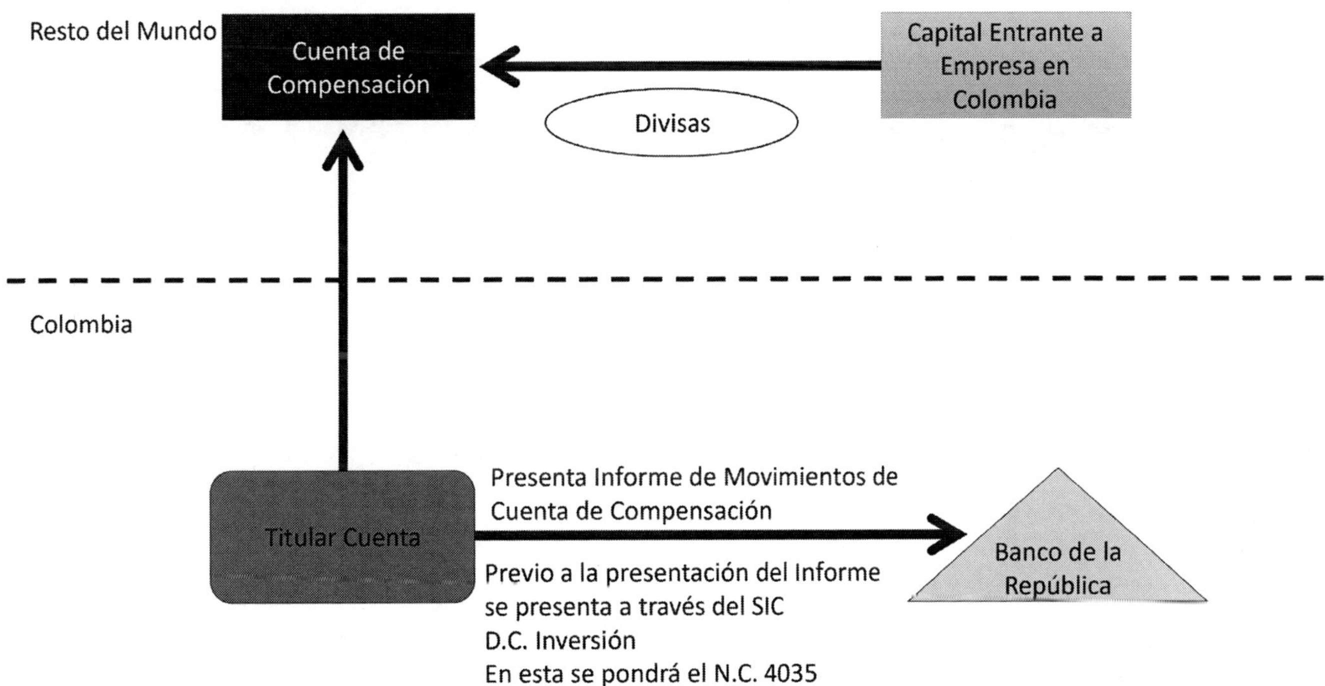
Resto del Mundo
Cuenta de Compensación
Capital Entrante a Empresa en Colombia
Divisas
Colombia
Titular Cuenta
Presenta Informe de Movimientos de Cuenta de Compensación
Banco de la República
Previo a la presentación del Informe
se presenta a través del SIC
D.C. Inversión
En esta se pondrá el N.C. 4035

Para las operaciones de inversión diferentes a los numerales cambiarios antes referidos, el Informe de Movimientos de Cuenta de Compensación presentado directamente al Banco de la República a través del Sistema de Información Cambiaria hará las veces de declaración de cambios.

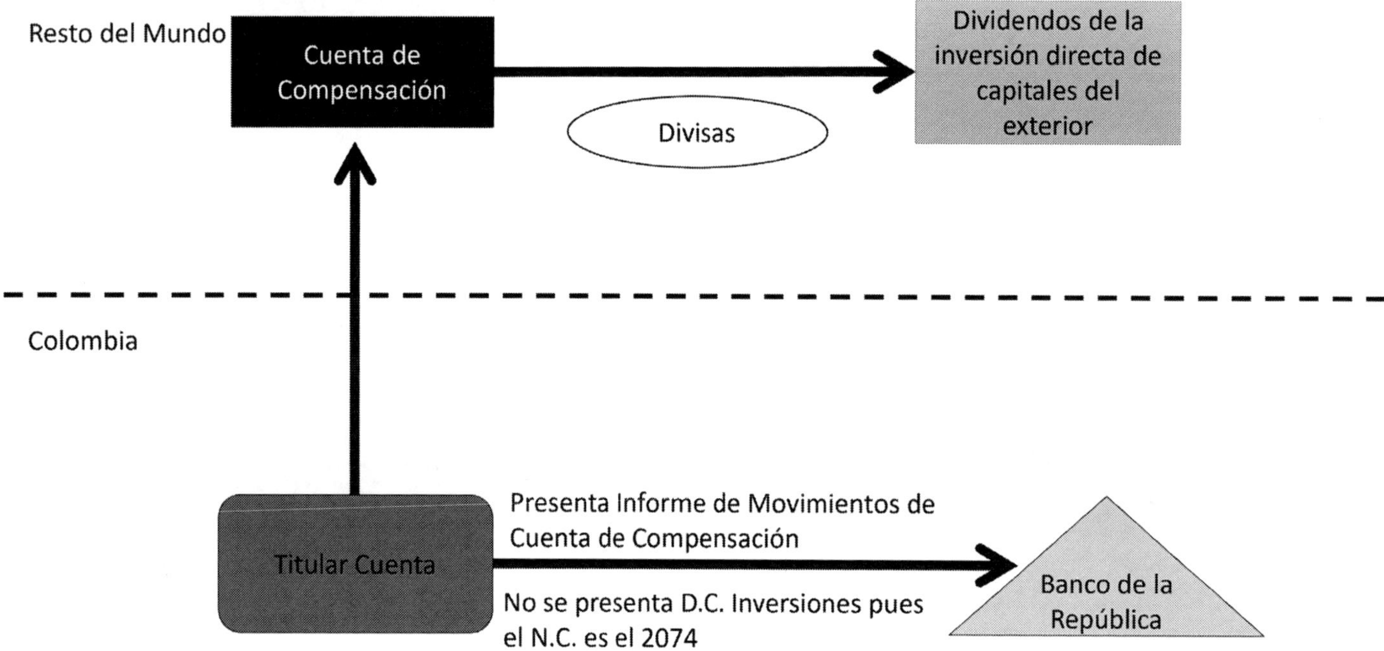

5.6. ENDEUDAMIENTOS

En estas operaciones, debe realizarse los registros en los términos establecidos en el capítulo 5 de la DCIP 83. Así las cosas, tanto los endeudamientos pasivos como activos deberán ser registrados mediante el Informe de Crédito Externo Otorgado a Residentes o No Residentes, a través de los IMC, según corresponda.

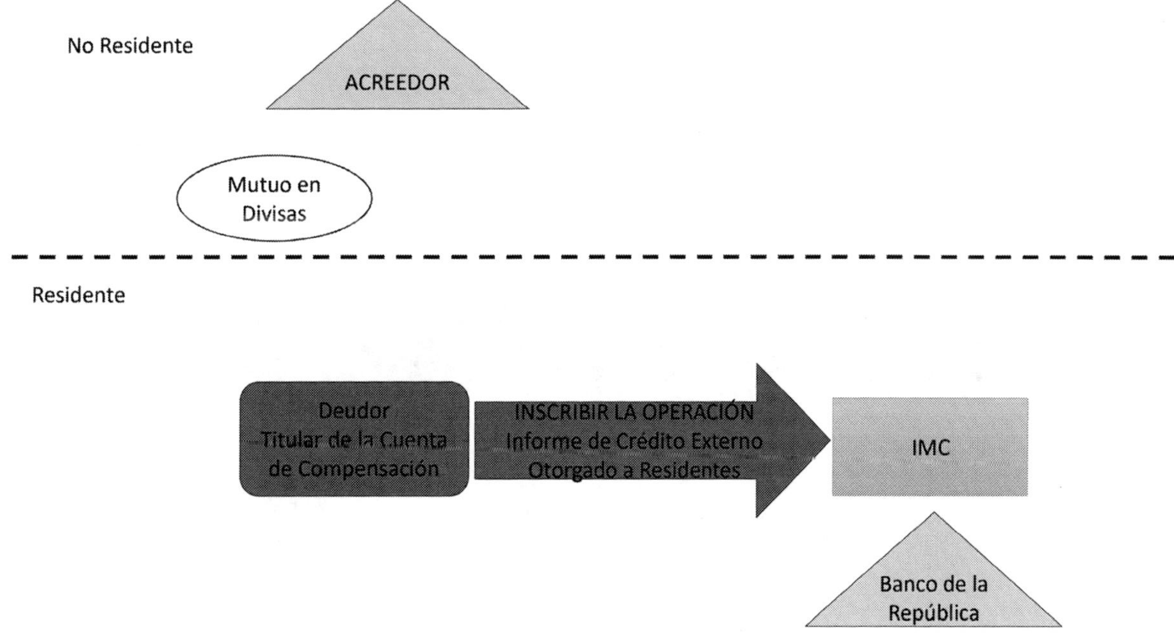

No Residente
Deudor
Mutuo en
Divisas

Residente

Acreedor
Titular de la Cuenta
de Compensación
INSCRIBIR LA OPERACIÓN
Informe de Crédito Externo
Otorgado a No Residentes
IMC
Banco de la
República

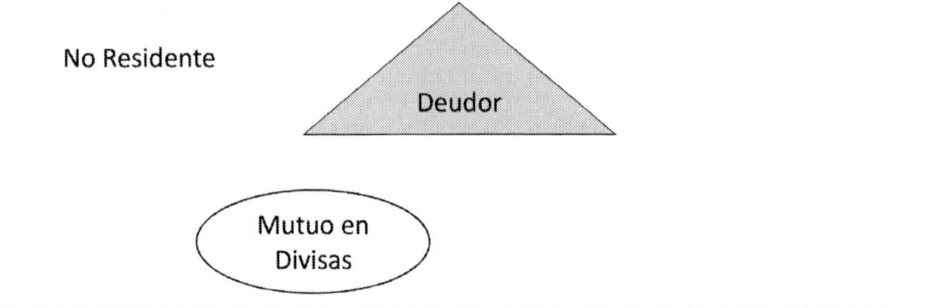

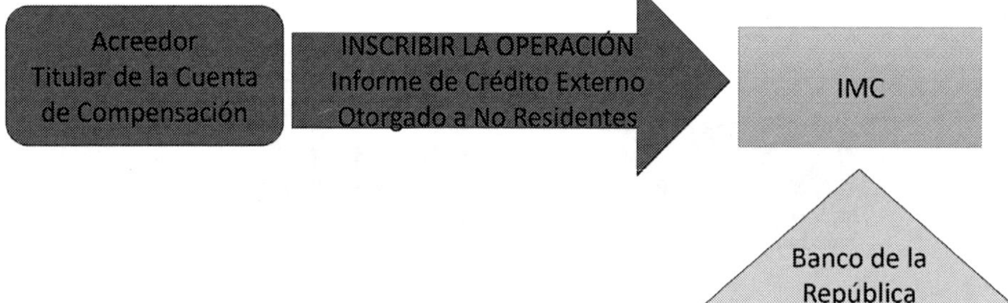

En lo que respecta a la Información de datos mínimos para operaciones de cambio por endeudamiento externo (Declaración de Cambios), esta deberá ser presentada directamente por el titular de la cuenta de compensación, salvo las operaciones relacionadas con los Numerales Cambiarios 1645 y 2619 que versan sobre ingresos o egresos de divisas por la ejecución de avales o garantías.

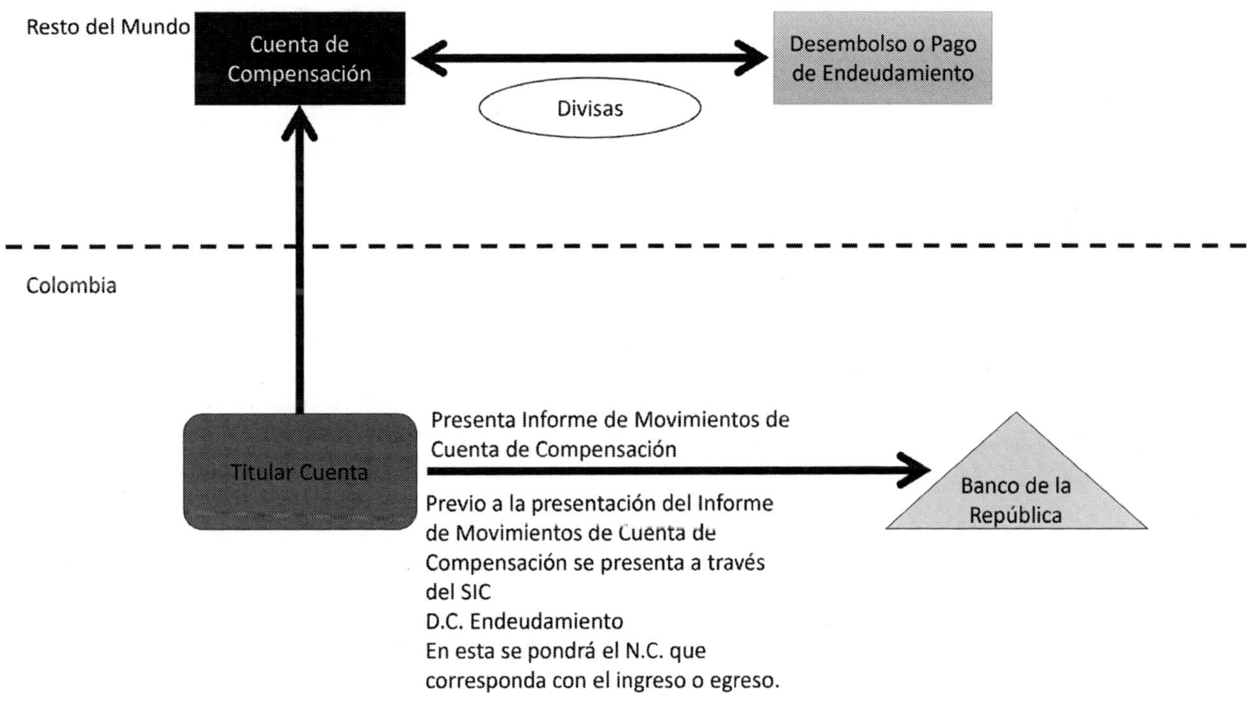

5.7. CANCELACIÓN DEL MECANISMO

Hay dos supuestos sobre los cuales procede la cancelación del mecanismo de compensación:

- Por cancelación de la cuenta ante la entidad financiera o por voluntad del titular de la cuenta de compensación, en cuyo caso se deberá presentar el F. 10 correspondiente al informe del mes inmediatamente anterior con los el diligenciamiento de las Casillas correspondientes.
- Oficiosamente por el Banco de la República cuando durante el término de 12 meses no se realice el reporte mensual (F. 10) por parte del titular de la cuenta de compensación.

5.8. EXÓGENA CAMBIARIA ANTE LA DIAN

DUDAS FRECUENTES RESPECTO A LA EXÓGENA CAMBIARIA	
PREGUNTA	**RESPUESTA**
¿Cuál es la normativa aplicable?	La Resolución DIAN 161 de 2021 y la normativa complementaria o que la sustituya.
¿Quién tiene la obligación de presentar esta información?	El titular de Cuentas de Compensación.
¿Cómo se presenta esta información?	Se presenta de forma virtual, mediante un archivo electrónico cuyo formato y prevalidador es determinado por la DIAN.
¿Qué información es solicitada?	Dentro de la información solicitada se encuentra la apertura de las cuentas de compensación, su cancelación y los movimientos realizados correspondientes a los pagos por importaciones, exportaciones, servicios y endeudamientos; recibidos o efectuados a través de cuentas de compensación.
¿Con qué periodicidad debe presentarse la información?	Trimestralmente dependiendo del último número del NIT.

BIBLIOGRAFÍA

Constitución Política de Colombia [Const]. 7 de julio de 1991 (Colombia)

Ley 9 de 1991. Por la cual se dictan normas generales a las que deberá sujetarse el Gobierno Nacional para regular los cambios internacionales y se adoptan medidas complementarias. 17 de enero de 1991. D.O. No. 39.634.

Ley 1004 de 2005. Por la cual se modifican un régimen especial para estimular la inversión y se dictan otras disposiciones. 31 de diciembre de 2005. D.O. No. 46.138.

Decreto-ley 2245 de 2011. [Presidente de la República]. Por el cual se establece el Régimen Sancionatorio y el Procedimiento Administrativo Cambiario a seguir por la Dirección de Impuestos y Aduanas Nacionales. 28 de junio de 2011. D.O. No. 48.114.

Decreto 119 De 2017. [Presidente de la República]. Por el cual se modifica el Decreto 1068 de 2015 en lo relacionado con el régimen general de la Inversión de capitales del exterior en Colombia y de las inversiones colombianas en el exterior y se dictan otras disposiciones en materia de cambios internacionales. 26 de enero de 2017. D.O. No. 50.128.

Decreto 1165 de 2019. [Presidente de la República]. Por el cual se dictan disposiciones relativas al Régimen de Aduanas en desarrollo de la Ley 1609 de 2013. 02 de julio de 2019. D.O. No. 51.002.

Decreto 1881 de 2021. [Presidente de la República]. Por el cual se adopta el Arancel de Aduanas y otras disposiciones. 30 de diciembre de 2021. D.O. No. 51.903.

Resolución Externa No. 1 de 2018 [Junta Directiva del Banco de la República]. Por la cual se compendia y modifica el régimen de cambios internacionales. 25 de mayo de 2018.

Circular Reglamentaria DCIP-83 [Junta Directiva del Banco de la República]. Por medio de la cual se reemplaza en su totalidad la Circular Reglamentaria Externa DCIP-83 correspondiente al Asunto 10: "PROCEDIMIENTOS APLICABLES A LAS OPERACIONES DE CAMBIO" del Manual de Cambios Internacionales. 12 de septiembre de 2023.